经济新常态下工科大学生就业能力研究

梁金辉◎著

北京理工大学出版社
BEIJING INSTITUTE OF TECHNOLOGY PRESS

版权专有　侵权必究

图书在版编目（CIP）数据

经济新常态下工科大学生就业能力研究 / 梁金辉著. —北京：北京理工大学出版社，2020.1

ISBN 978-7-5682-8084-6

Ⅰ.①经…　Ⅱ.①梁…　Ⅲ.①工科（教育）–大学生–就业–能力培养–研究–中国　Ⅳ.①G647.38

中国版本图书馆CIP数据核字（2020）第020287号

出版发行 / 北京理工大学出版社有限责任公司
社　　址 / 北京市海淀区中关村南大街5号
邮　　编 / 100081
电　　话 /（010）68914775（总编室）
　　　　　（010）82562903（教材售后服务热线）
　　　　　（010）68948351（其他图书服务热线）
网　　址 / http://www.bitpress.com.cn
经　　销 / 全国各地新华书店
印　　刷 / 定州市新华印刷有限公司
开　　本 / 710毫米×1000毫米　1/16
印　　张 / 13
字　　数 / 190千字
版　　次 / 2020年1月第1版　2020年1月第1次印刷
定　　价 / 69.00元

责任编辑 / 张荣君
文案编辑 / 张荣君
责任校对 / 周瑞红
责任印制 / 边心超

图书出现印装质量问题，请拨打售后服务热线，本社负责调换

序

2018年是改革开放40周年,也是戊戌变法120周年。在这个特别的岁末年终,我的学生梁金辉的书要出版了,她请我给她的书作个序,我欣然应允。

回忆梁金辉在北京理工大学读博的4年,可以用坚韧、执着、豁达和担当几个关键词来形容她。再次回顾她的《经济新常态下工科大学生就业能力研究》,深感其具有一定的学术创新性和理论拓展性。此书偏实证研究,客观地呈现出经济新常态背景下工科大学生就业能力的应然与实然,清晰地探究出工科大学生就业能力的形成路径以及应该如何培养。无疑,这将为工科大学生和高等院校主动适应、把握和引领经济发展新常态带来新思路。

在教育部实施"卓越工程师教育培养计划"和"新工科建设计划"的背景下,新型工程人才培养成为工程教育改革提升的重要内容。依据"卓越工程师教育培养计划"以及国家战略需求、社会和时代需求制定的人才培养标准中,工科大学生既应具备适应经济发展新常态的基本就业能力,更应具备主动引领经济发展新常态的延展性就业能力。梁金辉的著作正是在我国经济发展进入新常态这样的背景下,展开对工科大学生就业能力及其培养路径的研究,可谓是对现实需求的积极回应。

就业能力的内涵和结构及其演变在很大程度上受制于经济的发展,不同的经济形态和经济发展模式下社会对工科大学生就业能力的需求表现各异。从社会诉求角度来看,新常态模式下经济增长速度、经济结构以及经济发展动力都发生了变化,工科人才的就业能力需要及时适应这些新的变化。站在国家战略高度,"卓越工程师教育培养计划"、《华盛顿协议》以及"新工科建设计划"也对工科人才的培养规格提出了新的要求。此书正是以上述变化为背景，遵循"理论分析—模型构建—实证研究"的思路，以经济新常态下工科大学生就业新特点为主线，对工科大学生的就业能力加以解构和评价，并探究工科大学生就业能力的形成机理，提出新时代下工科大学生就业能力提升的路径选择。在她的著作中，定性与定量研究方法相互融合、彼此促进，使得整个研究既客观又鲜活。

构建经济新常态下工科大学生就业能力评价模型是整本书的逻辑起点和基础，这也是"去其糟粕，取其精华"的过程。经过对社会诉求鞭辟入里的分析，对已有文献深入精微的梳理，对专家认知深度精准的解读，以及通过因子分析的客观校验，最终形成的就业能力评价模型既涵盖了大学生就业能力结构的普遍性，更凸显出工科大学生就业能力结构的独特性和经济新时代的特征及要求。在对全国范围内 3 000 名工科大学毕业生的就业能力进行实际调查后发现，工科大学生在不同就业能力维度的发展上表现出校际、群际发展的不平衡；适应经济发展新常态的基本就业能力整体匮乏，且校际和群际间差异显著；引领经济发展新常态的延展性就业能力普遍薄弱，且校际和群际间不具有显著差异。这些调查结果和发现既是当下工科大学生就业能力的客观呈现，更是后续探究前因变量对结果变量综合影响机制的前提。

在我看来，本书的最大创新之处莫过于对工科大学生就业能力影响因素跨层次和交互作用机制的研究。由于工科大学生的就业能力受个体特征、院校培养等因素的综合影响，梁金辉在她的论文中对这些变量间的交互作用进行了深入考察，在控制学生个体特征、院校特征等前因变量的基础上，从"学生个体特征—院校特征—高校教育活动—学生自我参与—自我效能感"等多个层面，全方位揭示了高校教育活动和学生自我参与对工科大学生就业能力的影响，并验证了自我效能感对工科大学生就业能力的中介效应。上述研究结果无疑为工科人才培养冲出藩篱、改革创新起到了抛砖引玉的作用。在论文的最后部分，提出切实推进课程和教学供给侧改革，推进专业教育与双创教育的融合，促进高校间教学、学习资源的共享，提升学生的自我效能感水平以及对高校教育活动的参与度等具体建设，进一步助力经济新常态下的教育改革。

在我看来，经济新常态下工科大学生就业能力培养的核心是人才培养模式的创新和改革。从这个角度来说，这本书所开展的工作只是一个开始，前方的征途仍任重而道远。

梁金辉博士的本科和硕士阶段均就读于北京师范大学，她在求学中时时阐释和继承着母校"学为人师，行为世范"的校训；她还是首都体育学院的副教授、硕士生导师，在治学中也处处体现着"以挑战者精神拼搏创新"的精气神儿。上天从来不会失信于心存理想而努力的人，读博期间，她努力平衡工作、生活和身体等方面的多重压力，如期写出较高质量的论文并顺利毕业。在校期间她与我有课题、论文等多方面的合作。她勤于思考，努力钻研，勇于付出，善于合作，舍得之间我们彼此成就。

今天看到梁金辉博士的书稿将付梓出版，我倍感欣慰。文末，谨以《中庸·第二十章》中的治学名句"博学之，审问之，慎思之，明辨之，笃行之"与梁金辉博士共勉。

希望她未来的人生和事业一切顺利，永远保有北京理工大学"德以明理　学以精工"的精神，在治学的道路上不懈求索，并乐此不疲！

马永霞
2018年12月28日于北京理工大学

前　言

本书遵循"理论分析—模型构建—实证研究"的思路，以经济新常态为背景，结合"互联网+"、供给侧改革、"大众创业，万众创新"、分享经济等视角，将定性与定量研究方法相结合，以经济新常态下工科大学生就业新特点为主线，对工科大学生的就业能力加以解构和评价，并从个人参与层面、高校教育活动层面探究工科大学生就业能力的形成机理。

首先，本书构建了经济新常态下工科大学生就业能力评价模型并对工科大学生的就业能力展开评价。

鉴于经济新常态与工科大学生就业能力之间存在着必然的联系，但新常态下工科大学生的就业能力又不完全区别于非新常态下的就业能力，因此本文从经济新常态下社会诉求的解读、文献分析和专家认证角度进行三角验证，初步形成经济新常态下工科大学生就业能力评价模型的构成要素，并通过探索性因子分析和验证性因子分析确立经济新常态下工科大学生就业能力的最终评价模型；运用确立的评价模型对3 000名工科大四本科毕业生的就业能力加以评价。结果表明：工科大学生不同就业能力维度间表现出发展的不平衡；不同类型就业能力间的发展也呈现出不平衡，主要是基本就业能力表现出整体的低水平，且校际和群际差异显著；延展性就业能力普遍薄弱，且校际和群际间不具有明显差异。

其次，本书对工科大学生就业能力影响因素进行跨层次和交互作用研究，揭示了工科大学生就业能力影响因素的作用机制。

由于工科大学生的就业能力受个体、院校等因素的综合影响，本书对这些变量间的交互作用进行了深入考察，从"学生个体特征—院校特征—高校教育活动—学生自我参与—自我效能感"等多个层面，在控制学生个体特征、院校特征等前因变量的基础上，揭示高校教育活动和学生自我参与对工科大学生就业能力的影响，同时验证了自我效能感对工科大学生就业能力的中介效应，全面揭示了工科大学生就业能力影响因素的作用机理。结果表明，高校教育活动和学生的自我参与对工科大学生的就业能力均具有积极影响，其影响程度从高到低排序为课程设置、实践参与、教师指导、科研参与、就业支持、学习参与、课堂教学；自我效能感既对工科大学生的就业能力具有直接影响，还在工科大学生的自我参与和就业能力之间发挥中介效应。

最后，本书提出，培育适应及引领经济发展新常态的就业能力需要依托课程和教学的供给侧改革、双创教育、"互联网+"，以及学生自我参与等联动机制。

根据本书研究结果，工科大学生适应和引领新常态发展的就业能力发展尚比较薄弱，这主要与课程设置、课堂教学、双创实践以及学生自我参与有关；工科大学生就业能力校际间、群际间的差异更多的与教学、科研资源配置和使用的不均衡有关。基于此，提出如下建议：第一，从提升就业硬能力的客观需求出发，切实推进课程和教学供给侧改革，实现课程和课堂教学与工科大学生实际需求间的良好匹配；第二，发展带动经济新常态的就业能力，推进专业教育与双创教育的融合，逐步探索"专业+创新创业"的课程体系；第三，在共享发展理念的指导下，利用"互联网+"的优势促进高校间教学、学习资源的共享，补齐工科大学生就业能力短板；第四，在就业课程体系或第二课堂中增加积极心理学内容，激发工科大学生心理正能量，提升自我效能感水平，促进工科大学生对高校教育活动的参与度。

作　者

目 录

第1章 绪论 ·········· 001
1.1 研究背景 ·········· 002
1.2 研究意义 ·········· 005
1.3 研究内容 ·········· 008
1.4 研究思路与框架 ·········· 011
1.5 研究方法 ·········· 011

第2章 文献综述与概念界定 ·········· 014
2.1 就业能力理论发展与演变研究 ·········· 014
2.2 工科大学生就业能力结构研究 ·········· 032
2.3 工科大学生就业能力评价研究 ·········· 036
2.4 工科大学生就业能力影响因素与对策研究 ·········· 039
2.5 经济新常态下工科大学生就业能力的概念界定 ·········· 043
2.6 本章小结 ·········· 044

第3章 经济新常态下工科大学生就业能力评价模型的构建 ·········· 046
3.1 评价模型构建步骤与方法 ·········· 046
3.2 评价模型构建要素的基础 ·········· 048

3.3 评价模型构建要素的初步确立……………………………… 078
3.4 评价模型的形成与解析…………………………………… 081
3.5 本章小结………………………………………………… 088

第4章 经济新常态下工科大学生的就业能力评价 ………… 089

4.1 样本选取与变量说明……………………………………… 089
4.2 整体就业能力评价结果…………………………………… 091
4.3 不同维度就业能力评价结果……………………………… 096
4.4 不同类型就业能力评价结果……………………………… 107
4.5 本章小结………………………………………………… 116

第5章 经济新常态下工科大学生就业能力影响因素分析 … 119

5.1 就业能力影响因素的理论解析…………………………… 119
5.2 就业能力影响因素的现实验证…………………………… 124
5.3 高校教育活动影响的方差分析…………………………… 133
5.4 学生自我参与影响的方差分析…………………………… 139
5.5 就业能力影响因素的回归分析…………………………… 142
5.6 自我效能感的中介效应分析……………………………… 157
5.7 本章小结………………………………………………… 160

第6章 结论与建议 ……………………………………………… 162

6.1 主要研究结论…………………………………………… 163
6.2 政策建议………………………………………………… 168
6.3 主要创新点……………………………………………… 173
6.4 研究的不足与展望………………………………………… 175

附录1　行为事件访谈提纲 …………………………………… 177

附录2　行为事件访谈操作手册 ……………………………… 179

附录3　高校教师访谈提纲 …………………………………… 180

附录4　调查问卷（初始） …………………………………… 181

附录5　调查问卷（正式） …………………………………… 187

后　记 …………………………………………………………… 193

第1章 绪 论

当前我国已经进入新常态发展模式,经济从"高速增长"向"换挡降速、提质增效"转变,社会各个领域都在及时适应经济发展新常态这一主旋律,就业作为重大的民生问题引起人们更多的关注。以往研究表明,经济新常态对高校大学生的毕业去向影响显著,以2015年为例,呈现出"已确定单位"比例与"待就业"比例"双降"的现象,"已确定单位"比例低与经济增速放慢有关[1]。在这一背景下,工科大学生作为新常态的生力军,是否形成了适应和引领经济发展新常态的就业能力更加值得我们深入探讨。

由于学科性质的差异和市场需求的不同,工科大学生的就业能力较之其他学科原本就具有独特性,同时由于经济增速的下行、产业结构的优化升级、经济增长动力的转换以及经济新业态的出现,工科大学生的就业形势随之出现新的趋势和变化,经济新常态对工科大学生的就业能力也提出了新的诉求。

通过回溯已有相关文献发现,已有研究对于大学生就业能力的关注更多是普适性的,缺乏对某一学科的具体关注,少数关于工科大学生就业能力的研究聚焦于工程素质本身,但其研究结论尚不能很好地阐释"经济新常态对工科大学生的就业能力有什么新的要求?工科大学生的就业能力该如何培养才能适应和带动经济发展的新常态?"等亟待研究的问题。

---

[1] 岳昌君,周丽萍.经济新常态与高校毕业生就业特点——基于2015年全国高校毕业生抽样调查数据的实证分析[J].北京大学教育评论,2016(02):63-80+189.

1.1 研究背景

1.1.1 新常态下工科大学生现实就业压力加剧

1. 有效就业岗位的供给减少

新常态的重要特征之一就是经济增速进入换档期，由高速向中高速过渡。根据奥肯定律，高经济增长率使得社会对劳动力的需求增加，将提高就业水平，降低失业率；低经济增长率使得社会对劳动力的需求减少，将降低就业水平，提高失业率。可见，经济增长是保证就业的必要条件之一，而在经济进入新常态的形势下，经济增长的降速将在能力和意愿两方面同时影响企业对劳动力的需求，减少有效就业岗位的供给。同时，供给侧结构性改革作为引领经济新常态的必由之路，在去产能的过程中将释放出不少过剩劳动力。据人力资源和社会保障部初步统计，煤炭、钢铁产业在化解过剩产能过程中将释放出大约180万劳动力，这也将加剧大学生的就业压力。

2. 就业结构性矛盾凸显

在我国经济增长从高速向中高速换挡时期，2015年、2016年我国GDP的增长速度分别为6.9%和6.7%，较2014年呈持续下滑状态。宏观经济增长速度出现的这种趋势性变化，意味着我国的经济开始向形态更高级、结构更合理、分工更复杂的阶段迈进，由此也给就业形势带来了深刻的影响。就业的结构性矛盾在大学生就业市场也进一步凸显，主要表现为：高等教育结构与劳动力市场需求结构之间的不匹配仍将存在，并且随着经济增长降速中经济结构的调整而更加明显，部分高校毕业生面临的就业难甚至毕业即失业的问题还将加剧。

在大学生群体中，工科大学生的规模最大。据统计，工科院校占我国院校总数的30%左右，开设工科专业的本科高校占所有本科高校总数的91.5%；高等工程教育的本科在校生452.3万人，占高校本科在校生规模的32%[①]。工科专业大学生作为国家高级技术工程人员的主要来源，在社会新增就业岗位减少以及就业结构性矛盾加剧的形势下，将面临严峻的就业压力。

1.1.2 新常态下工科大学生就业能力需求延展

1. 工科大学生需要具备适应新常态的基本就业能力

经济发展的新常态，揭示了当前我国经济发展的新变化和新特点。新常态不仅意味着经济增长模式基本告别传统粗放型增长，增长速度放缓，更意味着经济增长动力加快转换、经济结构将出现趋势性新变化、改革开放进入新阶段、发展质量"上台阶"，我国工业转型升级进入新阶段。经济新常态并不意味着全面的革新，具有普适性的大学生就业能力同样适合经济新常态下的工科大学生。

在经济新常态下，工科大学生首先需要具备适应经济新发展模式的基本就业能力，如面对经济增速放缓和就业岗位增加的不确定性，需要掌握更加坚实的工程专业知识和工程实践能力等；面临经济结构的转型和产业结构的优化升级，需要工科大学生具备终身学习能力和社会适应能力等；面对经济增长动力由要素和投资驱动向创新驱动转换，需要工科大学生具备更强的创新能力、团队合作能力以及坚实的人文社科知识等。

同时，在经济新常态下，两化深度融合也得到了更加有效的发展。两化深度融合对于工科大学生的就业能力也提出了新的要求，更加强调在未来的工程项目实践中具备工程思维和信息处理能力等。

2. 工科大学生需要具备引领新常态的延展性就业能力

2014年12月，中央经济工作会议明确指出，"认识新常态，适应新常态，引领新常态，是当前和今后一个时期我国经济发展的大逻辑"。在新常态下，人口红利、资源红利、全球化红利等传统经济动力逐步减弱，培育经济发展

---

① 教育部. 我国高等工程教育改革迈出重大步[EB/OL]. http://www.moe.edu.cn/publicfiles/business/htmlfiles/moe/s5987/201308A55995.html, 2013-08-20.

的新动力成为引领经济新常态的关键。在此背景下，以创新驱动带动经济发展，催生出以"互联网+"为代表的经济新业态不断出现，正在逐步改变着传统产业。根据国家发改委提供的数据，仅平台经济就提供了约1 000万个就业岗位；另外，根据阿里研究院发布的《数字经济2.0报告》，20年后，中国总劳动力人口中50%的人群即4亿人将通过网络实现自我雇佣和自由就业。

与此同时，我国新技术、新业态中有关高端制造业、电子商务等产业在转型升级过程中已经得到快速发展。上述形势在带动我国就业形态发生诸多重要变化的同时，对工科大学生的就业能力也提出了更高的要求，即工科大学生作为经济发展的生力军，除了需要具备适应经济新常态的基本就业能力，还需要形成和发展能够带动经济新常态的延展性就业能力。这些能力将使得工科大学生在其未来的工程实践中集技术、社会和工程自身于一体。

综合上述分析，作为经济新常态的主力军，为促进"互联网+"、经济新业态以及产业结构转型升级的良性发展，工科大学生还需要掌握更多的新技术、新理念，并具备资源整合能力、发明创造能力、决策与执行能力、跨界思维、共享思维和工匠精神等能够带动经济新常态发展的就业能力。

1.1.3 新常态下工科大学生就业能力评价转型

通过对已有相关文献的梳理发现，传统研究更多地将目光聚集在大学生就业能力本身，忽视了从系统和动态的角度看待大学生的就业能力问题，对于特定历史时期下经济增长对就业能力的引致关系关注较少。

在现有文献中，一些学者从经济新常态角度，对大学生就业能力开展了一定的研究，这些研究具有普适性，有理论分析，也有实证分析；有定性研究，也有定量研究；有宏观层面的，也有微观层面的。由于工科大学生的就业特点明显区别于人文社会科学等专业的大学生，因此这些研究虽然是在经济新常态背景下展开的，但由于缺乏对工科大学生的针对性，因此其就业能力结构或指标具有一定的宽泛性，无法为工科大学生就业能力的精准化评价提供测量工具。

已有研究中，个别学者从工程素质角度考察了工科大学生的就业能力，也有学者探讨了工科大学生工程实践能力的培养，还有学者对工科大学生就业竞争力开展了一定研究。这些研究更多的聚焦于工科大学生的某一就业能力模块，为工科大学生就业能力的全面研究做了铺垫，却忽视了对工科大学生更多就业能力模块的关注，更缺乏对我国当前经济新常态这一特殊经济发展模式的考虑，不仅降低了研究结果的应用性和延展性，更无法满足对于工科大学生就业能力现实把握的客观需要。

基于上述经济形势及已有研究背景，本研究尝试从一个新的视角探讨新常态下工科大学生就业能力评价问题，期望能够在一定程度上弥补已有研究的不足，阐释经济新常态对工科大学生就业能力的新诉求，探索如何培养工科大学生适应和带动经济新常态的就业能力。

1.2 研究意义

1.2.1 理论意义

（1）从经济新常态视角研究工科大学生的就业能力，可以成为大学生就业理论的有益补充。工科大学生就业能力的开发和培养在不同经济发展阶段具有不同的特点。目前，我国经济发展进入新常态，这对于工科大学生就业能力提出了新的要求和挑战，高校对工科大学生就业能力的传统培养方式也遭遇了劳动力市场的质疑。在新的形势下，如何把握社会对工科大学生就业能力的期望和要求，更好地利用新常态下新的教育模式和教育活动促进工科大学生就业能力的提升是一个重要课题。

通过文献研究发现，国内一些学者开始关注经济新常态下的就业问题并开展了部分研究，这类研究的共同特点是从宏观角度对就业问题提出一些见解，缺乏对于不同学生群体有针对性的专门研究。事实上，在经济新常态背景下，工科大学生就业能力培养的机遇与挑战并存。由于我国产业结构正在实现转型升级，因此市场对于工科大学生就业能力的要求也发生了较大变化。如何捕捉到市场的敏感性，为社会提供符合需要的工科大学毕业生，是各高校在新常态背景下完成人才培养任务的关键。

本研究基于对新常态背景下经济结构优化、创新驱动战略等所引起的工科大学生就业能力的变化与趋势，结合对工科大学生就业能力评价数据的统计分析，揭示经济新常态下工科大学生就业能力的关键影响因素和形成机理，提出在这一特殊经济发展阶段工科大学生就业能力的提升路径，对于丰富和补充大学生就业能力理论具有重要意义。

（2）对于经济新常态下工科大学生就业能力的理论构架和实证分析，有利于丰富教育经济学研究中人力资源配置的内容。所谓人力资源配置是指在生产力发展要求的作用下，人力资源分布于不同区域、行业、单位和部门的过程。当前，我国的人力资源配置已经走向市场化，《国家中长期人才发展规划纲要（2010—2020年）》提出，"要推动人才结构战略性调整，充分发挥市场配置人才资源的基础性作用，改善宏观调控，促进人才结构与经济社会发展相协调。"2016年，国家"十三五"规划提出实施人才优先发展战略，把人才作为支撑发展的第一资源，建设规模宏大的人才队伍，促进人才优化配置。

工科大学生作为在大学生中占比最大的群体，本应是经济新常态下社会财富的主要创造者以及我国从人口大国向人力资源强国转变的生力军，然而在现实的人力资源市场他们同样面临各种就业困境。当前，我国教育经济学领域对于大学毕业生资源配置的研究，更多的是从宏观角度展开以劳动力市场分割理论为基础的区域流动研究。然而，诸多研究亦表明，从微观层面来看，大学生的就业能力更多地决定了其就业结果和职业发展。

因此，本研究拟从就业能力的微观层面出发，对经济新常态下工科大学生就业能力的关键影响因素和形成机理等进行理论构架与实证分析，研究将为教育经济学研究中有关人力资源配置的内容提供新的理论框架。

1.2.2 现实意义

1. 有助于工科大学生实现高质量就业

我国GDP增速从2012年起告别了过去30多年平均10%左右的高速增长，开始出现持续性回落，经济增长进入阶段性转换。2014年5月，习近平总书记第一次提出"新常态"概念，"我国发展仍处于重要战略机遇期，我们要增强信心，从当前我国经济发展的阶段性特征出发，适应新常态，保持战略上的平常心态。"① 经济新常态主要表现为以下三个特点：一是经济高速增长转为中高速增长；二是经济结构优化升级；三是经济增长动力从要素驱动、投资驱动向创新驱动转换。

经济新常态下，无论是就业结构的调整还是新增就业岗位的减少，以及创新驱动国家战略的提出，都对工科大学生的就业提出了新的挑战和要求。2016年，国家"十三五"规划又进一步提出实施人才优先发展战略，把人才作为支撑发展的第一资源，加快推进人才发展体制和政策创新，构建有国际竞争力的人才制度优势，提高人才质量，优化人才结构，加快建设人才强国。同时提出改革院校创新型人才培养模式，引导并推动人才培养链与产业链、创新链有机衔接；实施就业优先战略，推动实现更高质量的就业。在经济发展新常态下，创新型人才已经成为经济社会发展的重要驱动力，培养具有创新能力的应用型高级技术人才是工科教育的重要任务。

通过深度挖掘新常态下工科大学生应该具备哪些就业能力，并对经济新常态下工科大学生的就业能力实施评价，从多层面探索工科大学生就业能力的形成机制，进而有针对性地提出工科大学生就业能力提升策略和方案，可以为工科大学生就业质量的提高起到促进作用。

2. 有益于为工科大学生就业能力评价提供标准和模型

现有研究中，部分学者开始进入工科大学生就业能力的研究范畴，有的学者研究工科大学生的就业竞争力，有的学者对工科大学生个别就业能力模块展开调查。已往文献中对于工科大学生就业能力的理论研究先于实证分析，同时，以往研究更多的基于工程素质本身，无法全面揭示工科大学生就业能力的整体要素，更重要的是基于经济新常态这一特殊经济发展阶段的相关研究几乎未见。

考虑到合理的就业能力评价模型和指标是工科大学生就业能力评价的基础，本研究将在充分论证经济新常态新特点以及对工科大学生就业带来的新影响的前提下，并在认真梳理大学生就业能力和经济新常态相关文献

---

① 冯文雅. 习近平首次系统阐述"新常态". [EB/OL] http://news.xinhuanet.com/fortune/2014-11/09/c_1113175964.htm，2014-11-09.

的基础上，结合对工科大学生部分雇主单位和相关领域专家的深度访谈，确立经济新常态下工科大学生就业能力要素并设计《新常态下工科大学生就业能力评价量表》，通过探索性因素分析和验证性因素分析确立经济新常态下工科大学生就业能力的评价模型。

工科大学生就业能力评价模型的构建，遵循科学、严谨、有效的原则，既有理论架构，也有实证检验，并经多次修正和拟合分析，可以保证模型的相对科学性、客观性和可操作性，基于该模型的评价指标可以为经济新常态下我国工科大学生就业能力评价提供基础性工具。

3. 有利于为工科大学生就业能力提升提供对策参考

就业能力提升策略和路径是工科大学生就业能力研究的归宿。研究从高校教育活动、学生自我参与的角度，通过控制个体特征、院校特征等变量，建立高校教育活动、学生自我参与和工科大学生就业能力间的结构方程，全面揭示工科大学生就业能力的形成机理。同时，研究引入积极心理学中的"自我效能感"概念，在充分考虑各自变量间交互作用的基础上，探讨自我效能感对于工科大学生就业能力的影响。

在对经济新常态下工科大学生就业能力形成的关键因素、就业能力的形成机理等进行深入研究的基础上，揭示工科大学生适应及引领经济新常态等关键就业能力的培养和提升的策略选择。

上述基于新常态背景下的工科大学生就业能力的开发和培养策略，有助于进一步厘清经济新常态衍生出的新的教育活动内容、新的教育活动开展方式、新的实习实践方式、新的学习参与方式等对工科大学生就业能力提升的作用机理；有助于在新常态的新形势下，从多层次、多角度形成工科大学生就业能力培养的合力，为新常态下工科大学生就业能力的培养和提升提供策略选择。

1.3 研究内容

本书试图在充分获取经济新常态、就业理论和工科大学生就业能力等研究文献的基础上，结合对"卓越工程师教育培养计划"（以下简称"卓越计划")和《华盛顿协议》中对于工科大学生毕业要求的分析,从理论层面提取出经济新常态下工科大学生就业能力及其影响因素的关键要素,通过对研究者、企业和高校教师认知的行为事件访谈,进一步提取出经济新常态下工科大学生的就业能力要素和影响因素,并通过发放预测试量表,运用因子分析方法,形成《新常态下工科大学生就业能力评价量表》。

在此基础上,运用《新常态下工科大学生就业能力评价量表》对3 000名工科大四毕业生的就业能力开展评价,对各个就业能力因素的特征加以分析,并基于性别、校际、生源、地区和群际五个变量,对新常态下工科大学生的就业能力及其各维度进行差异比较,旨在立体化了解新常态下我国工科大学生就业能力的特点;同时,通过建立结构方程,从高校教育活动和学生参与两个角度,编制《新常态下工科大学生就业能力影响因素量表》,对于工科大学生就业能力的形成机理加以探究,并挖掘自我效能感在工科大学生就业能力形成中的作用,最后基于研究结果提出新常态下提升工科大学生就业能力的路径选择。

本书主要包括以下几方面内容。

(1)新常态下工科大学生就业能力评价模型的构建。经济新常态下工科大学生就业能力评价模型的构建是本书的逻辑起点,回答经济新常态下工科大学生就业能力"是什么"的问题。已有研究虽然也有一些针对大学生就业能力的评价模型,但由于是面向全体大学生,缺乏对工科大学生群体特殊性的考虑。从结果导向的视角来看,工科大学生就业能力评价模型构建过程的科学与否将直接决定工科大学生就业能力评价结果的客观性,因此,本部分在分析新常态下工科大学生就业能力评价要素社会诉求的基础上,结合对研究者、企业和高校教师的访谈,提取出新常态下工科大学生就业能力的关键构成要素,在此基础上设计《工科大学生就业能力评价(初测)量表》。通过对工科大四本科毕业生进行预调查,发放调查问卷并回收获得相关数据,运用探索性因素分析和验证性因素分析来确立工科大学生就业能力评价模型,形成《新常态下工科大学生就业能力评价量表》。

(2)新常态下工科大学生就业能力评价。新常态下工科大学生就业能力的现实状况关乎工科大学生就业能力开发和培养的各个环节，因此这部分研究试图回答工科大学生就业能力"怎么样"的问题。研究利用上述确立的《新常态下工科大学生就业能力评价量表》对工科大学生的就业能力进行问卷调查并进行实证分析，通过对回收的问卷进行统计分析，从三个层面对工科大学生就业能力特点进行归纳：第一，对工科大学生的整体就业能力特点进行归纳和分析，并从性别、校际、群际、生源和地区五个层面进行差异分析。第二，对工科大学生各维度就业能力的特点和差异性特征进行分析，差异性特征主要从性别、校际、群际、生源和地区五个层面进行探究。在群际差异层面，研究除了关注性别差异之外，还将不同自我效能感群体之间的差异进行了分析，以丰富对工科大学生就业能力研究的视角。第三，对工科大学生基本就业能力及延展性就业能力的特点和差异性特征进行分析，主要从性别、校际、群际、生源和地区五个层面进行探究。在对工科大学生就业能力评价结果进行分析的基础上，研究将对工科大学生就业能力各因素的整体情况与具体特征进行归纳和总结。

（3）新常态下工科大学生就业能力影响因素分析。新常态下工科大学生就业能力的影响因素关乎工科大学生就业能力培育路径的适切性和有效性，因此，这部分研究拟在前两项研究内容的基础上试图回答"为什么"的问题，即工科大学生就业能力的形成受到哪些关键因素和环节的影响。研究在对文献进行回顾和梳理的基础上设计《经济新常态下工科大学生就业能力影响因素》分量表，经过信效度检验和因子分析确定工科大学生就业能力的主要影响因素。在此基础上向工科大四毕业生发放调查问卷获取相关数据，通过建立结构方程获得高校教育活动和学生自我参与对工科大学生就业能力的影响路径，同时，这部分研究充分考虑自我效能感对工科大学生就业能力的影响，并通过结构方程验证自我效能感对工科大学生就业能力的中介效应。

（4）经济新常态下工科大学生就业能力开发和提升对策。经济新常态下工科大学生就业能力的培育路径是本研究的归宿，此部分研究回答的是"怎么做"的问题。结合前述研究可以发现，由于经济新常态下工科大学生就业能力的形成和发展牵扯多个层面、多个角度的问题，因此本部分研究主要针对高校教育活动、学生自我参与以及学生自我效能感等因素的综合影响，并结合工科大学生就业能力的特点和经济新常态的要求，有针对性地提出工科大学生就业能力提升和改善的策略。

1.4 研究思路与框架

本书通过对工科大学生就业能力、经济新常态相关文献和理论进行梳理，以对工科大学生雇主单位、就业指导教师以及已毕业优秀工科大学生的深度访谈等为基础，建立研究系统。通过综合运用文献分析法、访谈法、问卷调查法和统计分析法，首先分析经济新常态下经济形势的新变化，建立新常态与工科大学生就业能力的关联，分别从研究者、企业和高校教师三个角度，基于理论层面提炼出新常态下工科大学生的就业能力诉求，并梳理影响因素；其次，通过现实考证和因子分析构建新常态下工科大学生就业能力及其影响因素的评价模型；然后，通过问卷发放对新常态下工科大学生的就业能力进行实证分析，归纳工科大学生就业能力的特点，探寻性别、校际、群际、生源地以及学校地域间的差异；最后，从高校教育活动、学生自我参与和自我效能感角度，考察新常态下工科大学生就业能力的关键影响因子以及作用机理，提出经济新常态下工科大学生就业能力的培育和提升的对策建议（见图1-1）。

1.5 研究方法

1.5.1 文献分析法

本研究主要从CNKI、EBSCO、WEB OF SCIENCE、ProQuest、EI Compendex Web数据库，对经济新常态、工科大学生就业能力及其影响因素等相关文献进行收集和梳理。研究中涉及的第一类文献主要包括就业能力的概念与结构；第二类文献主要包括就业能力理论；第三类文献主要为经济新常态理论；第四类文献主要围绕大学生就业能力的相关文献；第五类文献主要为工科大学生的素质或就业能力；第六类文献主要是大学生就业能力影响因素以及就业能力培养对策。具体在文献搜集上，主要针对关键词"新常态""工科""工程""素质""就业能力""影响因素"等来搜索。

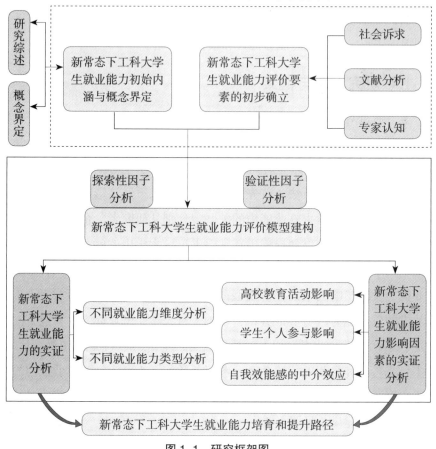

图1-1 研究框架图

1.5.2 访谈法

本研究主要运用行为事件访谈和专家访谈两种方法。通过行为事件访谈法确认雇主单位管理者以及已毕业优秀工科学生对新常态下工科大学生就业能力构成要素的观点,尤其重点了解新常态下工科大学生就业能力的新变化,了解其对工科大学生就业能力高校影响因素和学生个体因素的观点。通过对高校就业指导教师进行专家访谈,了解其对新常态下工科大学生就业能力评价要素的认知,并听取专家对就业能力影响因素的观点。

1.5.3 问卷调查法

在新常态下工科大学生就业能力评价模型构建以及影响因素确立过程中，通过问卷调查法进行预测试；在对工科大学生就业能力进行评价以及对工科大学生就业能力影响因素进行分析时，主要运用《经济新常态下工科大学生就业能力评价及影响因素量表》，采用分层随机混合抽样法，对全国范围内21所高校的3 000名工科大四毕业生进行问卷调查，获取相关数据。

1.5.4 统计分析法

研究中主要运用SPSS22.0和AMOS22.0等数据统计软件对相关调查数据开展统计分析。在新常态下工科大学生就业能力评价模型构建阶段，主要运用探索性因素分析和验证性因素分析方法；在新常态下工科大学生就业能力评价阶段，主要运用T检验、方差分析以及多元线性回归方法；在探究新常态下高校教育活动和学生自我参与对工科大学生就业能力作用机制阶段，主要运用T检验、方差分析及最优尺度回归方法；在验证自我效能感在学生自我参与和工科大学生就业能力间具有中介效应阶段，主要运用结构方程方法。

第 2 章　文献综述与概念界定

随着社会经济进程的加快、经济结构的调整以及全球经济格局的变化，大学生的就业能力成为近十几年来在学术研究领域、政府工作报告以及企业招聘政策中频繁出现的关键词汇。从学术领域来看，对于大学生就业能力的研究一直是国内外学者关注的焦点话题。但从对文献的回溯来看，针对工科大学生就业能力的专门研究却并不多见，且国外学者的研究成果较之国内学者略多。将经济新常态与工科大学生就业能力建立关联，并开展相关研究目前几乎未见。

更多学者从普适价值的角度，针对整个大学生群体的就业能力问题开展了比较丰富的研究，并取得了很多有价值的研究成果。国内外学者对于大学生就业能力的理论探讨先于实证研究，随着大学生就业难问题越来越普遍化、复杂化和多样化，关于大学生就业能力的研究也越来越向定性研究与定量研究相结合的方向发展。鉴于本研究的需要，以下将从就业能力相关概念、就业能力理论的发展、工科大学生就业能力结构、工科大学生就业能力评价、工科大学生就业能力影响因素及其对策五个方面，对以往学者的研究成果加以分类、梳理和归纳，拟为本研究的顺利开展奠定基础。

2.1　就业能力理论发展与演变研究

2.1.1　国外研究

就业能力是一个范围比较广的概念，既适用于已就业人群，也适用于未就业人群。随着社会经济结构及劳动力需求的调整和变化，以及研究者所处时代和社会学科领域的不同，关于就业能力概念和内涵的解读也各有不同。关于就业能力概念的争执可以追溯到一个世纪之前[1]。从欧美就业能力概念的发展轨迹来归纳和梳理各方观点，受到大多数研究者的青睐，现将各时期就业能力概念的观点梳理如下。

1. 20世纪70年代以前：就业能力概念早期萌生

"就业能力（Employability）"一词最早在1909年由英国学者Beveridge首先引入[2]。当时正处于工业革命之后，劳动力短缺的问题在许多行业开始凸显，如何辨识可就业的（Employable）劳动者，从而帮助他们进入劳动力市场，是就业能力概念提出的主要原因。之后，该概念在美国得到了进一步发展，并以健全员工（able-bodied workers）的可获得性为根据来定义，旨在辨别哪些是合适的可雇佣人员、哪些是不能被雇佣的。可见，学者们此时普遍把就业能力看成二分体，即就业和失业（employable and unemployable）。

Gazier把这种就业能力的概念称为"二分法的就业能力"（dichotomic employability）[3]。这种就业能力概念的观点实际上将人们的就业能力区分为可雇佣的和不可雇佣的两极，诸如那些年纪在15~64岁、身体健康、没有家庭束缚（如家里没有需要照看的孩子）的人，就是具备就业能力的，而那些身体、心智或社交存在障碍的人就是不具备就业能力的[4]。

"二分法的就业能力"更多地将就业能力视作一种劳动力市场工具，没有区分不同情形下就业能力的定义，也没有关注员工的职业流动和转换，只是研究如何解决失业者的就业问题。第二次世界大战之后，由于欧美国家经济复苏但具有熟练技能的劳动力相对匮乏，政府不得不把视线转向那些社会弱势群体（体力上的、精神上的或社交障碍的民众）和其他失业民众

---

[1] Mc Quaid. The concept of employability [J]. Urban Studies, 2005（2）: 197-219.

[2] Beveridge, William Henry. Unemployment: A problem of industry [M]. London: Longmans, Green and Co., 1909: 38.

[3] Gazier B. Employability: concepts and policies [M], Berlin: European Commission, Employment and Social Affairs, 1999: 79.

[4] Beveridge, William Henry. Unemployment: A problem of industry [M]. London: Longmans, Green and Co., 1909: 26.

在劳动力市场中的位置,并引导和帮助他们弥补自身技能与工作需求的差距、端正就业态度、提升自我形象,以刺激和促进充分就业,加速经济复苏[①]。因此在 20 世纪 50—60 年代形成的就业能力概念更为广泛和多样化[②]。

从宏观经济的发展来看,这时期有关就业能力的研究主要集中于社会弱势群体在劳动力市场中的位置。随后的研究,出现了三种新的就业能力观:社会—医疗就业能力、劳动力市场政策就业能力、流动就业能力,涉及更多类型的群体和个人。

(1)社会—医疗就业能力(social-medical employability)。这个类型的就业能力在 20 世纪 50 年代的美国、英国和德国比较普及,主要针对残疾人群体,由一些医生和康复工作者提出。他们利用量表工具,根据残疾人员身体和精神的残疾程度对其进行分类排级,再依据确立的排级结果,制定相应的改进计划。研究人员将这一方法在劳动力市场中加以运用,目的在于衡量残疾人员社会、身体或精神方面的能力与工作任职资格的要求有多大差距。

(2)劳动力政策就业能力(manpower policy employability)。这一类型形成于 20 世纪 60 年代的美国,有些类似于社会—医疗就业能力,主要关注的也是社会弱势群体。由于第二次世界大战后美国经济的发展需要大量拥有熟练技能的工人,这导致企业招募工作主要针对社会弱势群体来展开,由于他们普遍缺乏就业岗位需要的技能,因此受到了政策制定者更多的关注。在该模式下,对就业能力的评估不仅涉及个人能力,还关系到流动能力和以往表现,以及个人的社会背景等,它同样是衡量弱势群体当前工作能力或个体特征与岗位任职资格之间的差距。

(3)流动就业能力(flow employability)。这一概念出现在 20 世纪 60 年代的法国,此阶段欧洲出现了大范围的失业。在这种情况下,研究者开

---

① A Feintuch.Improving the employability and attitudes of "difficult-to-place" persons [J]. Psychological Monographs, 1955: 69 (7): 1—20.

② Berntson, Erik. Employability perceptions, Nature, determinants and implications for health and well-being, University dissertation from Stockholm [D]. Psykologiska institutionen, 2008, 7.

始将注意力转移至宏观经济的变化以及劳动力市场的需求方,具体操作方法是用偏宏观性和统计性的观点,通过对某个失业群体找到工作的速度和概率对其就业能力进行评估。例如,45岁以上的失业者占失业一年以上群体的比例。这种统计方法的好处在于把失业问题和劳动力市场直接联系起来,可以根据失业群体的特征对就业能力进行细分。

总体来说,早期的就业能力概念更多的是一种静态研究,国外学者主要在量化以及与劳动力市场的关联性方面做了一些探讨。该时期取得的主要成果就是依靠"态度"来对就业能力加以评估并将结果应用到劳动力市场中,这种做法一直持续到20世纪70年代初期。

2. 20世纪70—90年代:就业能力概念框架基本形成

20世纪70年代以来,研究者们将注意力从"态度"上转移开来,逐步地将焦点放在个体从事职业工作所需要的知识和技能上,同时关注他们在劳动力市场的价值。就业能力概念的这一发展不但突出了职业技能的重要性,更重要的是可以让个体更清楚地知道自己有多种可能性(Tseng,1972)[1]、自己在劳动力市场中的位置(Mangum,1976)[2]以及通常的就业形势(Orr,1972)[3]。上述观点基本属于"劳动力市场绩效"版本的就业能力概念。

在20世纪70年代末,企业和研究者们都意识到对劳动力市场保持持久的吸引并非可以完全依靠职业技能来解决(Weisenstein,1979)[4]。关于就业能力的概念开始发生转折,诸如"可转移性技能"等一些新的观念逐

---

[1] Tseng M S. Need for achievement as a determinant of job proficiency, employability, and training satisfaction of vocational rehabilitation clients [J]. Journal of Vocational Behavior, 1972, 2(3): 301–307.

[2] Mangum G L. Employability, Employment, and Income: A Reassessment of Manpower Policy [J]. Monthly Labor Review, 1976(2): 317.

[3] Orr D B E. New Directions in Employability: Reducing Barriers to Full Employment [J]. Blue Collar Occupations, 1972(5): 250.

[4] Weisenstein G R. Barriers to Employability of the Handicapped: Some Educational Implications. [J]. Journal of Research & Development in Education, 1979(12): 57–70.

渐融合到以往就业能力的概念表述中，就业能力概念有了动态发展的趋势。Hoyt（1978）[1]提出了"可转移性技能（Transferable skills）"的重要性。所谓的可转移性技能主要包括社会及关系技能，这些技能能够在很多不同工作情境中维持其价值，对个体获得、持有和转换工作均非常重要。

20世纪80年代开始，各国对就业能力的研究开始转移到公司或组织层面，研究者主要关注如何在员工管理上增强组织，或者说就业能力已经变为工作者的元特征（meta characteristic），这也是来自产品、服务和雇主等多方面的客观要求。由于雇主需求的波动，对于临时性工人的需求开始增多。这种情况导致劳动力市场被分割成两个部分：一个是基本部分，即劳动力市场由从事永久性工作的个体组成；另一个是次要部分，由从事临时性工作的人员组成。

20世纪80年代晚期，欧美一些学者开始提出主动性就业能力（Initiative employability）的观点，并引入"工薪阶层"的概念，认为在劳动力市场动态变化的形势下，"工薪阶层"应该通过终身学习去适应劳动力市场的需求。在整个20世纪80年代，就业能力的概念以"元特征"为标志，融合了态度、知识和技能等方面，被看成是个体在劳动力市场绩效中的重要决定性因素。

随着经济活动灵活性的增强，就业能力逐渐对个体职业生涯的每个层面都产生重要影响（Bhearmann，1988；Chamer，1988）[2]。在这种情况下，就业能力等同于一个个体积累技能的可销售性（marketability）。Gazier（1999）把这种理解定义为"主动"版的就业能力[3]。依据这一观点，"可雇佣的个体"是一个他（她）自己的"无边界职业生涯"的永久的经纪人（Arthur，

---

[1] Hoyt K B. Employability: Are the Schools Responsible？[J]. New Directions for Education & Work，1978（4）：74.
[2] Bhearmann R, Spill R. A dialogue on employability skills: How can they be taught？[J]. Journal of Career Development，1988，15（1）：41-52.
[3] Gazier B. Konzepte und politische Massnahmen [J]. Infor MISEP Nr.1999（67/68）：38-51.

1994）^①。

20世纪90年代，一方面由于个人职业生涯发展有了更多的选择自由，另一方面由于组织内的终身或长期就业保障和按资历获得晋升的可能性降低了，导致美国及很多欧洲国家的长期员工数量大幅下降，很多缺乏全面就业能力的员工被淘汰或很难找到新的工作。因此，就业能力研究不只是关注失业者和低技能者，而是扩展至所有劳动者^②。

就业能力的概念进一步宽泛，合并了很多范围，例如，劳动力市场形势、劳动力市场知识以及公司政策。Gaspersz 和 Ott（1996）将就业能力定义为个人专长和技能与劳动力市场需求之间的关系。这种界定同样意味着就业能力的提升成为一种由政府、企业和个体共同承担的责任，核心在于这三方如何寻求责任和范围之间的均衡^③。Gazier（1999）把上述关于就业能力的界定称为"互动型"版本的就业能力概念，在这里所有劳动力市场的成员制度都被包括进去了^④。这一版本称为交互式就业能力观（Interactive employability），试图平衡动态就业能力所考虑的结构性因素，强调个体的就业能力与劳动力市场其他人的就业能力和就业机会之间的相互作用^⑤。

20世纪末，关于就业能力的概念出现了更广泛的讨论，这一概念呈现动态的发展和转变。Thijssen（1998）认为就业能力的概念应该包括三个层面：狭义定义、延展定义和广义定义^⑥。狭义定义指的是在特定的劳

---

① Arthur, et al. Case applications in a professional development program for communication partners: Reported changes in participant skills, knowledge and concerns [C].AARE Annual Conference. Newcastle, 1994.

② 杨伟国，等.就业能力概念：一个世纪的变迁史[J].东吴学术，2012（04）：70-79.

③ Gaspersz J, Ott M. Management van employability.Nieuwe kansen in arbeidsrelaties（Management of Employability. New Opportunities in Labour Relations）[J]. Van Gorcum/Stichting Management Studies, Assen.1996.

④ 王霆，唐代盛.国外就业能力框架和模型研究发展综述[J].求实，2006（S3）：214-215.

⑤ Grip A D, Loo J V, Sanders S J.The industry employability index: Taking account of supply and demand characteristics [J].International Labour Review, 2004（3）：211-233.

⑥ Thijssen J. "Employability: Conceptuele Varianten en Componenten Utrecht" [D]. FSW. University of Utrecht, 1998.

动力市场背景下,个体所具备的能够在不同工作中都取得成功的潜力。狭义的概念只考虑了劳动者自身的能力,不包含任何有关愿望、态度或者其他相关条件在内。例如关键胜任力(Key competences)和核心技能(Core skills)[1],主要包括自我管理、与他人合作并保持良好关系、沟通、分配任务和解决问题、应用数学、应用技术与设计、创新7种能力。延展的就业能力概念既包括成功从事多种工作所应具备的能力,还融入了"意愿"和学习能力,即全部个体特征。

广义概念中,就业能力除了包括全部个体特征,还包括实现条件等其他外部特征,如企业提供的培训等。Hillage和Pollard(1998)将环境因素纳入就业能力概念,认为就业能力包括以下四个方面:①能力资产(employability assets),由初级资产(个人品质,如正直等)、中级资产(与工作所需要的关键技能,如沟通能力和问题解决能力等)和高级资产(与组织绩效相关的技能,如团队合作和持续学习能力)组成;②调配能力(deployment),包含一系列职业管理能力、求职能力和策略性的方法;③展现能力(presentation),将自身的就业能力以合适的方式展现给外界的能力(如个人简历、申请表、面试等);④环境能力,指个体能力与劳动力市场的交互作用,如劳动力市场的需求、雇主的态度以及个体的自身条件都会对个体的就业机会产生影响。

在此基础上,Evans等人将就业能力直接分为两部分,即供给要素和需求要素:①供给要素——就业能力要素,包括个体所拥有的可转换技能、寻找工作的动机、寻找工作时的"流动能力"(mobility)、获取信息和网络支持的能力、寻找工作的障碍;②需求要素——外部因素,包括员工面对失业的态度、培训和教育的数量与质量、对就业困难人群的帮助以及税收优惠体系,最关键的是区域经济中合适工作岗位的提供[2]。由此可以看出,

---

[1] Laughton D, Montanheiro L. Core skills in higher education: the student perspective [J]. Education + Training, 1996, 38(4): 17-24.

[2] Evans C, Nathan M, Simmonds D. Employability through Work [J]. Centre for Local Economic Strategies, 1999.

20世纪90年代形成的交互就业能力概念与外部环境因素以及本身拥有的技能相关,是一种获得就业、维持就业和重新选择、获取新岗位的动态能力[①]。

总的来说,在20世纪90年代,在就业能力究竟如何定义、如何衡量,如何影响个人或劳动力市场等方面,不同学者存在不同的看法。具体地说,大部分研究者对于就业能力概念的探讨考虑的最多的是劳动力市场的潜力及职业技能[②]。其他研究者主要聚焦于以下几个方面:①组织中就业能力的可能性应用[③];②劳动力市场的形势以及政府和企业的责任[④];③指导个体职业生涯的能力[⑤];④如何处理公司内部变化[⑥]。20世纪末,就业能力已成为经济全球化背景下人力资源领域最关注的话题之一,也成为欧洲就业政策的"支柱"之一。

3. 21世纪:就业能力概念和理论的延展与丰富

随着社会需求的不断变化,有关就业能力的研究也在不断深入,对于就业能力的概念也各有解读。就业能力概念的"交互性与动态性"特征在21世纪得到拓展和延伸。

有的学者从内部和外部两个角度区分就业能力。外部就业能力指的是个体到其他企业从事相似或不同工作的能力和意愿,体现的是个体在劳动力市场上的人力资源价值;内部就业能力指的是在原有企业保持被雇佣的

---

① Hillage J, Pollard E. Employability: developing a framework for policy analysis [J]. Institute for Employment Studies, 1998.

② Gazier B. "L Employabilité: brève radiographie de un cconcept en mutation" [J]. Sociologie du Travail (Montrouge), 1990, 32 (4): 575–584.

③ Levy J. M, Jessop D J, Rimmerman, A. "Attitudes of Fortune 500 corporate executives toward the employability of persons with severe disabilities: A national survey" [J].Mental Retardation, 1992, 30 (2): 67–75.

④ Outin, Jean –Luc. "Trajectoires professionelles et mobilité de la main-d'oeuvre: La construction sociale de l'employabilité" [J].Sociologie du Travail (Montrouge), 1990, 32 (4): 469–489.

⑤ Bloch, Susan. Employability: Your way to career success [J].Kogan Page, 1995.

⑥ Hyatt, Carole. Lifetime employability: How to become indispensable [J]. Mastermedia Limited, 1996.

意愿和能力，体现的是在内部劳动力市场上的劳动者人力资源价值①。

有的学者在详尽分析文献的基础上提炼出现代就业能力概念的中心来自三个方面的交互：个体的意愿和能力、组织及制度条件，以及保持对劳动力市场的吸引力。因此，他们将劳动者的就业能力定义为：就业能力指的是在有效的人力资源策略的促进作用下（制度因素），工作者保持对劳动力市场吸引力的技能及意愿（供给因素），使其能够对目标和工作环境的变化作出预先反应（需求因素）②。

在此基础上，部分学者又将内部可雇佣劳动者区分为两种：一种是依然保持现有工作；另一种是在现有企业中变换工作。由此，就业能力变成了三种类型：与工作匹配的就业能力，即在现有企业继续保持现有工作；内部就业能力，即在现有企业转换不同工作；外部就业能力，即转换到另一个企业工作③。

就业能力的内涵和关注焦点随着时代的发展而不断演变，与每个时代的就业重点相联系，并发挥着不同的功能④。在 21 世纪，由于技术进步及变革加速了岗位消亡和创造的速度，"无边界职业生涯"几乎占据了主流，它要求员工能够在不同岗位、专业、职能、角色和组织之间流动。在这个背景下，企业持续竞争优势的获取越来越依靠劳动者的就业能力（包括各种职业专长和通用技能，如人际沟通能力、学习能力）和应对工作环境变化的适应能力。

此时期关于就业能力的研究更多地从实践角度出发，提出了很多不同层面的概念，以更好地获得个体的职业成功和企业持续竞争优势。具体地

---

① W Groot, H Brink.Skill mismatches in the Dutch labor market [J]. International Journal of Manpower, 2000, 21（8）：584-595.

② D A Grip, V J Loo, J Sanders.L'indice sectoriel d'employabilite: integrer les caracteristiques de l'offre et de la demande [J].Revue Internationale Du Travail, 2004（143）：231-255.

③ W Groot, H Brink.Skill mismatches in the Dutch labor market [J]. International Journal of Manpower, 2000, 21（8）：584-595.

④ 谢义忠，陈静，朱林.就业能力的概念、结构和实证研究成果[J].心理科学进展，2013（03）：517-529.

说，21世纪初国外学者对于就业能力主要有如下表述（见表2-1）。

表2-1 21世纪初国外学者对就业能力的概念描述

学者	概念描述
Lee Harvey（2001）[①]	个人所具有的获得基本就业、维持就业以及在需要时重新获得就业的能力和意愿。
Mel & Blake（2003）[②]	能够帮助人们更好的构建和有效适应有无数变化的、与工作相关的能力。
D Lepaite[③]	指可迁移技能，主要包括工作绩效、工作改进、改变内部条件、改变外部条件、工作创新和应变能力。
Fugate（2004）[④]	为大学生就业与创业识别工作机会及获取工作的能力，由职业生涯识别、个体适应性、社会资本和人力资本四个集合的交集所组成。
Knight & Yorke（2004）[⑤]	认为就业能力是自我效能（Self-efficiency）、综合技能（Skills）、学科理解力（Subject Understanding）和元认知（Meta-Cognition）的有机结合。
Overran（2008）[⑥]	就业能力不是一种特定的工作能力，而是在横切面上与所有行业相关，在纵切面上与所有职位相关的能力。
Minten S.（2010）[⑦]	对于个体而言，就业能力与他们拥有的知识、技能和态度密不可分。

伴随就业能力概念的动态发展和演进，逐步形成一些具有代表性的就业能力理论模型，并且不同阶段的研究也使用了不同的术语和结构体系。

[①] Harvey L. Student feedback: a report to the higher education funding council for England [J]. Centre for Research into Quality The University of Central England in Birmingham, 2001.

[②] Mel F, Blake E A. Employability: The construct, its dimensions, and applications [C]. Academy of Management Best Conference Paper OB, 2003.

[③] D Lepaite.Transferable competences for the knowledge-driven economy: issues in a curriculum for higher education [J].Education-line, 2003.

[④] Fugate M, Kinicki A J, Ashforth B E. Employability: A psycho-social construct, its dimensions, and applications [J]. Journal of Vocational behavior, 2004, 65（1）: 14-38.

[⑤] P Knight, M Yorke. Learning, curriculum and employability in Higher Education [M]. Routledge falmer, 2004.

[⑥] Overran C. Employability Skills: An Update [EB/OL]. http: // www.cete.org/acve/ docgen, asp [2008-2-22].

[⑦] Minten S. Use Them or Lose Them: a study of the employability of sport graduates through their transition into the sport workplace [J]. Managing Leisure, 2010, 15（1-2）: 67-82.

（1）位置冲突理论（Positional Conflict Theory）。位置冲突理论以市场为取向，强调市场需求与竞争，其主要观点是市场竞争由过去的注重"血统依据"转向了注重"文化依据"，这种转变导致了对学历文凭的追求。

这一理论认为就业能力是一种相对机会，即发现和保持工作的机会。求职者为了获得就业机会，就需要丰富和增加其可以利用的文化、教育和社会资源等；同时，拥有这些资源的专业团体，也可以利用其所拥有的资源，设立市场竞争的"准入规则"[①]。

位置冲突理论强调就业能力合作，通过"提升学生就业能力合作小组"（Enhancing Student Employability Co-ordination Team，ESECT）的研究发现，大学生应该具备一定的业务水平、正式工作的经验，并熟练掌握一些核心技能以及生涯规划知识和面试技巧等。

（2）就业能力的心理—社会建构观（Psycho-social Construct）。该就业理论关注个体特质，认为个体的就业能力就是能够帮助个体有效适应当今经济体制下与工作相联系的各种变革的、以个人为中心的建构群集。更具体地来讲，即在职业生涯和工作背景下，就业能力就是由职业认同、个人适应力和社会人力资本这三个维度构成的有机整体，是能使员工识别和实现职业生涯机会的与工作相关的积极适应性（Fugate，Kinicki，2008；Fugate et al，2004）[②]。

职业认同指的是个体在特定工作情境中如何对自己进行定位。定位一般从两个方面进行：一个关于"我是谁"，内容涵盖对个体个人品质、价值、信念及准则等的评价和定位；另一个关于"我想成为谁"，内容涵盖个体对未来职业的规划以及在工作中的个人目标。个人适应力指改变个人因素（如知识和技能）及行为以满足环境需要的意愿和能力，包括乐观主义、学习意愿、接纳变化、内控特质和一般自我效能感五个特性。社会资本则

[①] Brown P, Hesketh A, Wiliams S.Employability in a knowledge-driven economy [J]. Journal of education and work, 2003, 16（2）: 107-126.

[②] Fugate M, Kinicki A J, Ashforth B E.Employability: A psycho-social construct, its dimensions, and applications [J].Journal of Vocational Behavior, 2004（65）: 14-38.

指个人拥有的、可用于拓展个人身份认同和实现职业生涯机会的社会人际网络。人力资本指影响个人职业生涯发展的年龄、教育水平、工作绩效、情商和感知能力等一系列因素[①]。

在后续研究中，Fugate 和 Kinicki 认为就业能力是一种心理结构，主要包括五个维度：对待工作变化的开放性、工作和职业生涯韧性、工作和职业生涯前摄主动性、职业生涯动机，以及工作认同；对待工作变化的开放性反映的是变化发生时个体愿意接受和积极响应变化；工作和职业生涯韧性反映的是个体感觉自己能掌控职业和工作机会，能在工作上做出真正的贡献；工作和职业生涯前摄主动性反映的是个体获取潜在影响工作和职业机会的信息的倾向及行动；职业生涯动机反映个体倾向于作出特定的职业规划和策略，倾向于自己控制职业生涯管理和设定与工作或职业相关的目标；工作认同反映个体在哪种程度上根据特定的组织、工作、职业或行业的特征、要求来定义自己，它更多关注一个人做什么、做得有多好以及其他人的印象如何等方面（Fugate，Kinicki，2008）[②]。

（3）就业能力的过程模型（The Employability Process Model）。该就业能力理论主要以个体与劳动力市场的互动为取向，其主要观点是：认为求职者的职业流动和位置变换是由劳动力市场中的地位（The labor market position）、个体拥有的运动性资本（Movement Capital）以及运动的灵活性（Ease of movement）所构成的动态链决定的，当求职者在劳动力市场中获得新的地位时，就意味着这一动态链进入到下一轮的循环中，开始新的动态变化[③]。

（4）基于胜任力的就业能力概念模型（The Competency Model）。就业

[①] Fugate M, Kinicki A.J, Ashforth B E.Employability: A psycho-social construct, its dimensions, and applications [J].Journal of Vocational Behavior, 2004 (65): 14-38.

[②] Fugate M, Kinicki A J. A dispositional approach to employability: Development of a measure and test of implications for employee reactions to organizational change [J]. Journal of Occupational and Organizational Psychology, 2008, 81 (3): 503-527.

[③] Forrier A, Sels L.The concept of employability: A complex mosaic [J]. International Journal of Human Resources Development and Management, 2003 (2): 102-124.

能力理论是在20世纪90年代市场经济的快速发展和变化使企业逐渐意识到向"灵活性"转变的背景下产生的。这种灵活性的变化也推动了工作结构的变革和人力资源系统的变化，使得人力资源管理系统从以工作为基础向以胜任力为基础的个人转变，由此对员工的类型和工作技能也产生了新的需求。

在此背景下，人力资源或人力资本开始越来越成为企业战略制定过程中的首要考虑因素。依据企业资源观，员工所应具备的胜任力是推动企业赢得持续竞争力的资源之一，是企业的一种财富。员工要想在职业生涯发展过程中获得持续前进并赢得更多的职业发展机会，必须具备丰富的职业专长和就业能力[1]。

同时，胜任素质的概念开始被一些学者关注。基于胜任素质的角度，如果将就业能力的界定限定在工作情境范围内，可将就业能力和胜任素质视为基本一致。胜任素质既包括特异性胜任素质，又包括一般性胜任素质，是二者的综合。胜任素质在当前的工作绩效和长期的职业成功上均发挥重要作用，具体表现为个体可以通过合理地运用胜任素质，来持续地完成、获得和创造工作[2]。

基于胜任力的就业能力概念能有效地将个人能力与组织核心能力结合起来[3]。一方面，基于胜任力的就业能力概念可以实现纵向和横向的衔接，除此之外，它还是具有战略性的、可沟通的、动态的、发展的、可就业的，以及能够提升绩效的[4]。Athey和Orth则将胜任力定义为"一组可被观察到的绩效维度"，这组维度既包括个人知识、技能、态度和行为，又包括与

---

[1] Barney J.B. "Firm resources and sustained competitive advantage" [J]. Journal of Management, 1991 (17): 99-120.

[2] CMVD Heijde, Beatrice I J M, Van Der Heijden. A competence-based and multidimensional operationalization and measurement of employability [J]. Human Resource Management, 2006, 45 (3): 449-476.

[3] Rothwell W J, Lindholm J E. "Competency identification, modeling and assessment in the USA" [J]. International Journal of Training and Development.1999 (3) 90-105.

[4] Mulder M. "Competence development: Some background thoughts" [J]. Journal of Agricultural Education and Extension, 2001 (7): 147-159.

高绩效相关并可以为企业提供可持续竞争优势的团队和组织能力[①]。

综上，基于胜任力的就业能力理论内涵十分丰富，几乎贯穿了工作和职业生涯的整个过程，具体可以将其概括为以下五个维度：第一，职业专长。即员工必须具备一定专长才能获得职业发展的机会，有的学者认为职业专长是就业能力的核心要素，也是保持组织活力的重要人力资本因素[②]，这一维度主要包括专业知识、技能和认知力。第二，预期和最优化。Kluytmans 和 Ott 指出，就业能力的构成中，具备"适应工作内容、条件以及地点经常变化的意愿"是非常重要的[③]。所谓的预期和最优化是为了争取理想的工作与职业状态而积极为未来工作做好充分准备的责任。第三，个人适应能力。具有适应能力的员工不惧怕外部环境的变化，可以从不同职业经历中获得长远发展，并懂得利用变化为其发展创造机会。第四，企业认同感。企业认同感建立在社会资本（网络）、社会技能和情商的基础上，即分享责任、知识、经验、情感、信用、成败和目标等[④]。第五，工作生活的平衡。这个维度是与其他就业能力概念模型产生差异的关键所在，是在企业和员工利益之间达成不对等的妥协关系[⑤]。由于工作和生活是由一系列不平衡的需求构成的，因此能够有效处理这些冲突的员工将成为无边界职业生涯中具有优势的群体。

（5）劳动力市场就业能力概念模型（The Labor Market Model）。就业能力概念除了在企业得到广泛应用外，也一直在欧洲各国劳动力市场政策的形成过程中扮演着极其重要的角色。这种重要性体现在：第一，就业能力是解决弱势群体社会歧视问题的关键；第二，就业能力是缓解高失业危机

---

① Athey T R, Orth M S. "Emerging competency methods for the future" [J]. Human Resource Management, 1999（38）：215-226.

② Boudreau J W, Boswell W R, Judge, T A. "Effects of personality on executive career success in the United States and Europe" [J].Journal of Vocational Behavior, 2001（58）：53-81.

③ Kluytmans F, Ott M. "The management of employa-bility in the Netherlands" [J]. European Journal of Work and Organizational Psychology, 1999, 8（2）：261-272.

④ 杨伟国, 等. 就业能力概念：一个世纪的变迁史 [J]. 东吴学术, 2012（04）：70-79.

⑤ Paauwe J. Zonder eerlijke ruilrelatie geen employability（No employability without an honest exchange relationship）[J].Trouw, 1997, 97（11）：14.

的有效应对措施；第三，雇主和员工间关系的改变促使就业能力概念再次受到重视。

在这样的背景下，提升员工的就业能力不仅仅被看作是灵活性技能的培养过程，更是改善职工就业境遇的关键（特别是针对弱势群体）。虽然很多劳动力市场政策都强调培养个体技能的重要性，但"如何最大程度地提高失业人员或弱势群体改善就业能力的积极性"还是引起了众多学者的关注。

尽管 Gazier 等一些学者已经意识到，就业能力是个体在劳动力市场中经由各种因素相互作用的产物，但大多数政策或劳动力市场策略对于就业能力的关注只集中在个体或供给方。这种以供给方为主导的政策是许多经济社会理论的前身，其主要特点是通过调整个体权利及责任来应对经济的不稳定和劳动力市场的变化[①]。然而这种做法的效应是相当有限的，特别是在产业结构调整的情况下，劳动力的供给和需求之间已然出现了不匹配。

由于雇主对技能的要求变得更高、更广，这些技能的缺失将导致长期失业或低工资和不稳定的状态。从更广义的角度考虑，避免了单纯以供给方为主导的就业能力概念否认了雇主态度、合同内容以及工作条件（如晋升模式、工资和工作地点等）等对工作搜寻者搜寻行为和结果的影响。

可见，广义的就业能力概念能够帮助求职者有效地识别影响个人无法进入劳动力市场的各种可能阻碍因素。因此，基于劳动力市场的就业能力概念模型是各种个体特征、个人环境、劳动力市场条件和其他环境因素相互动态影响的结果，它是 20 世纪末"交互性就业能力"的一种延续和扩展。

进入 21 世纪后，从广义角度构建就业能力概念的趋势日趋明显。Groot 和 Maassenvan den Brink 延续了 Hillage 和 Pollard，以及 Evans 等人的做法，将劳动者就业能力分为内部和外部两种就业能力[②]。他们强调，外部就业能力指的是转换到另外一个企业的相似或不同工作岗位上的能力和

---

① Gazier B.Observations and Recommendations [M].//Gazier B.Employability- Concepts and Policies. Berlin: European Employment Observatory, 1998: 298-315.
② Berntson, Erik.Employability perceptions, Nature, determinants, and implications for health and well-being [D].Psykologiska institutionen, 2008.

意愿,反映的是外部劳动力市场上劳动者的人力资源价值;内部就业能力指的是在现有企业保持被雇佣的意愿和能力,反映的是内部劳动力市场上的劳动者人力资源价值[①]。

Brown 也认为就业能力具有双重性:绝对性和相对性。绝对性是指员工是否拥有足够的知识和技能完成工作;相对性是指就业能力依赖于劳动力市场的供求状况,例如岗位短缺时,部分劳动者就变得没有就业能力了。

同样,Andries,Jasper 和 Jos 在对文献详尽分析的基础上,也将可雇佣劳动者区分为两大类:一类是内部就业,包括保持现有工作和在同企业中变换岗位;另一类是外部就业[②]。在此基础上,他们将就业能力分为三种类型:与工作匹配的就业能力,即在现有企业继续保持现有工作;企业内部就业能力,即在现有企业转换不同岗位;外部就业能力,即转换到另一个企业工作。这就衍生出了现代就业能力概念的三个维度:被雇佣者预先的意愿和能力、组织及制度条件,以及保持对劳动力市场的吸引力。因此 Andries,Jasper 和 Jos 将就业能力定义为在有效的人力资源策略的促进下(制度因素),劳动者保持对劳动力市场吸引力的技能及意愿(供给因素),使其能够对目标和工作环境的变化作出及时反应(需求因素)的能力。

2.1.2 国内研究

国内学者对就业能力的研究始于 20 世纪 90 年代,较西方要晚一些。随着 1997 年国家教委颁布了《普通高校毕业生就业暂行规定》,高校开始实行招生全面并轨,即毕业生的就业开始全面步入双向选择时代。由此,大学生就业问题开始凸显出来,关于大学生就业能力的研究也日渐增多。我国早期关于大学生就业能力的研究并没有直接明确提出就业能力的概念,大多数围绕毕业生就业竞争能力、就业适应能力、创业能力和职业生涯设计等加以探讨,虽然这些概念没有直接明确就业能力,但事实上已经

---

① Outin, Jean-Luc. "Trajectoires professionnelles et mobilité de la main-d'oeuvre: La construction sociale de l'employabilité" [J].Sociologie du Travail (Montrouge), 1990, 32 (4): 469-489.

② Gazier B. "Employability: the complexity of a policy notion", in Patricia Weinert, M Baukens and P Bollérot, Employability: From theory to practice [J] Transaction Publishers, 2001, 3-24.

进入就业能力的范畴。

2002年，我国学者郑晓明首次明确提出大学生就业能力概念，他认为，就业能力是指大学毕业生在校期间通过知识的学习和综合素质的开发而获得的能够实现就业理想、满足社会需求、在社会生活中实现自身价值的本领[①]。

此后，学者们对就业能力开展了越来越广泛的研究，也拓展了对就业能力内涵的界定，但研究的侧重点各有不同。有代表性的研究成果有以下三方面。

（1）基于人力资本视角的就业能力概念。汪怿认为，就业能力的实质是一种个体的能力，是各种有益于就业能力的总和，且具有动态发展的倾向[②]。文少保指出，就业能力就是在以学习能力为基础上发展的与职业相关并嵌入在个体身心里的一种综合能力[③]。朱新秤认为大学生的就业能力是大学生成功获得工作、保持工作及转换工作时所具有的知识、技能及各种个性特征的集合[④]。

（2）广义的就业能力概念。黄敬宝对于就业能力的观点较之传统的人力资本视角有所拓宽，他认为就业能力是由先天性因素以及包含教育、社会资本等后天性因素共同构成的。但在具体研究中，他亦强调就业能力是指将高等教育服务转化为人力资本，并能实现这种人力资本价值的大学生的综合能力[⑤]。马绍壮通过实证研究，延伸和发展了人力资本理论，从理论上证明了大学生实现人力资本价值的三个关键因素是社会交往能力、个人展示能力和就业求职能力[⑥]。

---

① 郑晓明."就业能力"论[J].中国青年政治学院学报，2002，21（3）：91-92.
② 汪怿.就业能力：促进高校毕业生就业的重要方面[J].教育发展研究，2005（07）：31-34.
③ 文少保.基于人才强国战略的我国大学生就业能力开发策略研究[J].现代大学教育，2006（01）：101-108.
④ 朱新秤.论大学生就业能力培养[J].高教探索，2009（4）：124-127.
⑤ 黄敬宝.高等教育体制与大学毕业生就业[J].江苏高教，2007（1）：72-74.
⑥ 马绍壮，朱益宏，张文红.中国大学毕业生就业能力维度结构与测量[J].人口与经济，2012（04）：34-42.

（3）基于职位可获得性的就业能力概念。刘小平等基于知识经济和职业观念发生变化的背景，对就业能力与终身学习之间的关系加以探讨，他的主要观点是：就业能力不但是完成特定工作的能力，更是获得和维持不同种类工作的相对机会[①]。郭志文等认为，从基本内涵来讲，就业能力是指个体所具有的获得基本就业、维持就业以及在需要时重新获得就业的能力，是个体拥有的对雇主有吸引力的知识、技能和态度的组合[②]。肖贻杰认为，就业能力是一种与就业相关的综合能力，是一系列技能、个体特质的组合，是劳动者能够获得并保持工作以及晋升职务的能力，而大学生就业能力指的是大学生在大学期间通过学习和实践，在毕业时有获得就业机会和职位的能力[③]。

2.1.3 评述

1. 国外研究

通过对国外有关就业能力的研究文献进行系统的研究和梳理，不难看出，国外有关就业能力的见解从20世纪初开始就从不同角度出现各种争论和焦点，并且产生了大量、丰富的研究成果。从最初的两分法（可雇佣和不可雇佣）到后来的行动就业能力、主动就业能力和互动就业能力等各种见解，研究者们至今对于就业能力也无法给予完全一致的观点，究其原因，主要与就业能力本身受到劳动力市场特征不断变化的影响有很大关系。

虽然不同学者对大学生就业能力研究的关注点有所差异，但大部分学者普遍比较认同的界定是：大学生就业能力是在某个特定时期内，在劳动力市场没有发生重大变化时，大学生所具备的一种与职业相关的综合能力。其既包括识别和获得工作机会、保持工作的能力，也包括工作晋升和工作转换的能力。

---

① 刘小平，杨淑薇.可就业能力及其培养研究进展[J].科技管理研究，2006（9）.
② 郭志文.提升就业能力：一种人力资源发展观[J].中国人力资源开发，2007（5）.
③ 肖贻杰.就业能力相关概念辨析[J].当代教育论坛，2009（12）：90-92.

2. 国内研究

从国内学者对于就业能力的诸多界定可以发现，由于国内学者对于大学生就业能力的关注和研究均起步较晚，对于大学生就业能力的界定虽然在沿袭西方学者概念基础上有所拓展，但并没有走出西方学者早期的人力资本范畴。

2.2 工科大学生就业能力结构研究

2.2.1 国外研究

通过对已有文献的回顾发现，关于工科大学生就业能力结构的研究主要始于21世纪初。由于工科大学生就业能力结构的专门研究并不多见，因此本书将就业能力结构的文献范围扩大至一般大学生，并对比较经典的就业能力结构模型加以呈现。

从主要研究成果的国家分布来看，东南亚国家近年来的研究成果呈现突增趋势。这或许与21世纪以来工业制造业对东南亚国家经济发展的支撑作用日益凸显有关。

部分学者通过文献梳理提炼出工科大学生的就业能力指标。如Markes和Imren(2006)在对以往有关工科大学生就业能力文献加以回顾的基础上，通过数据统计提出了工科大学生所需具备的主要就业能力有哪些，同时提出培养工科大学生就业能力的对策，即需要了解企业对工科大学生就业能力的要求，通过合作、包容、透明和协调一致的行动来实现就业能力的评价、控制和发展[①]；Yusoff（2008）等通过运用文献分析法对英国、澳大利亚、美国、加拿大、日本、欧洲及马来西亚工科大学生的就业能力的相似之处和差异进行了横向比较，研究发现沟通能力、团队合作能力和终身学习能力是世界各国工科大学生均需掌握的就业技能[②]。

---

① Markes, Imren. A review of literature on employability skill needs in engineering [J]. European Journal of Engineering Education.2006, 31（6）: 637–650.

② Yusof Y M, et al. A study of the comparison in priority engineering employability skills [J].Human Resource Manageenent, 2008（35）: 200–203.

部分学者通过实证研究确立工科大学生的就业能力模块。如 Nilsson（2010）认为就业能力包括找到工作和保持工作，既包括硬能力，又包括软能力，通过对信息技术专业的 20 名硕士研究生开展访谈并进行实证分析发现，与就业软能力和个人属性相比，正式硬能力和技术职业能力在就业能力结构中的重要性在下降[①]；Parasuraman 和 Prasad（2015）认为工科大学生的就业能力由软能力和硬能力构成，通过调查提炼出 9 个就业能力因素：培训需要、个人特质、学术能力、沟通能力、软能力、合作能力、技术能力、工作搜寻能力，以及训练与陈述能力[②]。

部分学者从雇主视角开展对工科大学生就业能力结构的研究。如 Tong L F.（2003）研究了工科大学生在成功的工程职业生涯中所应具备的技能和胜任力，认为相较于专业技术能力，雇主更加偏好于在项目管理过程中形成的非技术能力，并通过调查数据分析出最重要的六项能力：人际沟通能力、计划能力、管理能力、问题解决能量、团队管理能力和成本控制能力[③]；Saad（2013）等通过研究发现问题解决能力、工具使用能力和演讲技巧是雇主最看重的几种就业能力[④]；Jeswani 和 Saket（2016）通过对 305 个雇主进行调查，运用探索性因素分析、验证性因素分析和结构方程，发现工科大学生就业能力因子中从高到低的排序是：管理能力、技术能力和沟通能力，而从雇主对工科大学生就业能力的视角看，最受欢迎的就业能力分别是沟通能力、技术能力和管理能力[⑤]。

---

① Nilsson S. Enhancing individual employability: the perspective of engineering graduates [J]. Education +Training, 2010: 52（6/7），540-551.

② Parasuraman J, Prasad N. Acquisition of Corporate Employability Skills: A Study with Reference to Engineering Graduates. IUP Journal Of Soft Skills [R]. 2015, 9（2）：22-43.

③ Tong L F. Identifying essential learning skills in students' Engineering education [J]. Proceedings of Herdsa, 2003.

④ Saad M S M, et al. Employers perception on engineering, information and communication technology (ICT) students employability skills [J]. Global Journal of Engineering Education, 2013（15）：42-47.

⑤ Jeswani, Saket. "Assessment of Employability Skills Among Fresh Engineering Graduates: A Structural Equation Modeling Approach" [J]. IUP Journal Of Soft Skills 10, 2016（2）：7-43.

2.2.2 国内研究

相较于国外学者，国内学者对工科大学生就业能力结构的专门研究较晚，且成果明显较少。一些学者试图对工科大学生的工程素质和就业竞争力等开展了部分研究，虽未直接提及就业能力概念，但研究已经进入了工科大学生就业能力的范畴。

部分学者从文献研究的角度对工科大学生的就业竞争力开展部分研究。如黎平（2009）等认为构成工科毕业生就业竞争力的要素包括内部竞争力和外部竞争力。内部竞争力主要是指思想道德素质、科学文化素质、学习和创新能力、语言及文字表达能力、人际沟通和交往能力、工作经历和实际动手能力，以及身心素质及就业心态等，这些是毕业生自身的能力与素质；外部竞争力是指来自学校、家庭和社会各方面的外部因素[①]；如王晖（2011）以化学工程专业为例，研究了发达国家工科大学生可迁移技能的培养，认为交流理解、团队协作、解决问题、计算与信息、管理技能和个性品质是我国工科大学生应具备的可迁移技能[②]。

部分学者从社会需求的角度对工科大学生所应具备的素质或技能开展了研究。徐瑾等（2013）从社会对高等工程教育人才的需求角度，通过问卷调查提出工科大学生所应具备的素质主要有责任意识、团队合作、解决问题能力和终身学习能力等，且这些要素在工科大学生未来职业中的影响比知识和技能等更大[③]；蒋新萍（2014）基于社会需求视角，以工科专业高职毕业生和用人企业为调查对象，通过定量分析方法提炼出高职学生综合职业素质的五度模型结构，即社会环境适应度、职业精神支撑度、职业

---

① 黎平，黄厚南，黎奇.地方工科院校毕业生就业竞争力的构建［J］.广西社会科学，2009（11）：124-126.
② 王晖，周涛.发达国家工科大学生可迁移技能的培养要求——以化学工程专业为例［J］.现代大学教育，2011（06）：27-33+112.
③ 徐瑾，李志祥.对工科大学生素质要求的调查分析［J］.北京理工大学学报（社会科学版），2013（02）：155-160.

规划发展度、企业环境融合度和工作岗位胜任度[①]；我国台湾学者 Chin-Guo（2014）等，通过对台湾太阳能公司的 12 个行政主管和 32 个工程师进行访谈并进行问卷调查，构建了以企业招聘、培训和学校课程发展为目的的就业能力指标，该指标涵盖了胜任力、工作绩效和工作态度，有效解释了工科大学生就业能力和企业期望之间的关系[②]。

2.2.3 评述

1. 国外研究

国外学者对于工科大学生就业能力结构的研究虽然起步较晚，但研究成果相当丰富。总的来说，在研究方法的选择上，既重视理论探讨的作用，更强调实证研究与理论分析结合的相得益彰；从研究视角上看，对于工科大学生就业能力结构的探究既考虑了高校教育的推动，更考虑了基于雇主视角的社会需求。

国外学者的研究成果可以为我国工科大学生就业能力结构的剖析和确立提供丰富的参考，但由于这些研究成果是建立在各国经济发展和社会需求基础之上的，缺乏对于我国特殊经济发展阶段——经济新常态的关注，因此不可直接为我国工科大学生就业能力结构的界定所用。

2. 国内研究

国内学者对于工科大学生就业竞争力或素质等方面的研究虽然开展较晚，但在研究方法的采用上也强调理论与实证的结合，越来越多的学者开始尝试将定性与定量方法相结合来确立工科大学生或高职学生的素质指标；研究的视角也对高校和社会均有所关注，为工科大学生就业能力结构的研究奠定了坚实的基础。

但由于国内已有研究成果并没有直接提及工科大学生就业能力的概

---

① 蒋新萍，李昆益.社会需求视角下工科高职生综合职业素质结构研究[J].职业技术教育，2014（23）：19-22.
② Chin-Guo, et al. Constructing Employability Indicators for Enhancing the Effectiveness of Engineering Education for the Solar Industry [J]. International Journal Of Photoenergy, 2014: 1–11.

念，少量的实证研究结果要么是基于国外的研究结果，要么不是直接针对工科大学生，更未见对经济新常态下工科大学生就业能力的考量，因此这些研究结果同样无法完全适用于经济新常态下我国工科大学生就业能力要素的确立。

2.3 工科大学生就业能力评价研究

2.3.1 国外研究

关于工科大学生就业能力的评价，以往研究中有部分国外学者进行了相关尝试。较之就业能力概念，就业能力评价的研究成果并不是很多。经过对文献的梳理发现，大部分学者对于工科大学生就业能力的研究都基于某一专业，研究结果非常具体。其中比较有代表性的研究成果如下。

部分学者对工科大学生的就业能力开展了微观层面的研究。如 Brown 和 Clarke（1997）对澳大利亚环境科学专业大学生在环境方面的知识和技能进行了调查，并发现男生和女生的能力不存在显著差异[1]。Moreiro J A（2001）从满足雇主单位需求的角度，对西班牙图书馆和信息科学专业 1996—1999 年毕业大学生的就业能力进行了研究，并与之前对同一调查对象的研究结果加以对比[2]。Robinson（2008）运用 Borich（1980）的需求评价模型对农业、食品与自然资源专业毕业生的就业能力展开了实证调查，研究发现，问题解决能力、工作独立性和压力缓解能力是最重要的就业能力，识别决策的政治含义是最不重要的就业能力；毕业生在工作的独立性、与主管关系良好，以及与同事合作良好三项就业能力上表现最好，在识别决策的政治含义能力上表现最差[3]。Stefan Hennemann 和 Ingo Liefner（2010）

---

[1] Brown A L, Clarke S. Employability of environmental science graduates in Australia [J]. Environment Systems and Decisions, 1997, 17（1）: 45-55.

[2] Moreiro J A. Figures on Employability of Spanish Library and Information Science Graduates: Libri [J]. Libri, 2001, 51（1）: 27-37.

[3] Robinson J S, Garton B L. An Assessment of the Employability Skills Needed by Graduates in the College of Agriculture, Food and Natural Resources at the University of Missouri [J]. Journal of Agricultural Education, 2008, 34（9）: 804-10.

对地理专业大学生的就业能力进行了实证研究，认为传统的课程教学无法充分满足社会对于地理专业毕业生就业能力的需求[①]。

有的学者探究了工科大学生就业能力的评价模型，如 Mishra R（2009）等，通过对教师、工业人力资源部门、工业主管等进行问卷调查，运用定性和定量相结合的方法，对技术与职业教育系统中基于学校学习和工作中学习的能力差异进行研究，并确立了基于关键能力的就业能力改进模型[②]；Gokuladas（2011）通过运用相关分析和多元回归分析，对559位工科毕业生的就业能力进行了研究，研究发现工程知识和英语能力对可持续就业能力的影响最大，在校园招聘中女生的就业能力表现比男生更优秀[③]。

2.3.2 国内研究

国内学者对于工科大学生就业能力的评价研究开展较晚，成果也较少，且大部分研究通过文献研究和理论分析得出结论，鲜见对于实证研究方法的运用。现有研究主要关注的是工科大学生部分关键就业能力维度，主要研究成果如下。

王永利（2010）认为我国工科大学生的实践创新能力水平总体比较低，提出通过加强产学研合作、加强实践性教学环节、丰富课外科技活动等提升工科大学生的实践创新能力[④]。

王章豹（2014）从工程知识、工程能力和工程精神三个维度对工科大

---

① Stefan Hennemann & Ingo Liefner.Employability of German Geography Graduates：The Mismatch between Knowledge Acquired and Competences Required［J］.Journal of Geography in Higher Education，2010，34（2）：215-230.

② Mishra R，Alseddiqi M，Pislaru C. An Improved Employability Skills Model and its Compliance Through Vocational Educational System in Bahrain［J］.International Journal of Learning，2009，47（9）：699-718.

③ Gokuladas V K. Predictors of Employability of Engineering Graduates in Campus Recruitment Drives of Indian Software Services Companies［J］.International Journal of Selection and Assessment，2011，19（3）：313-319.

④ 王永利，等.浅谈工科大学生实践创新能力培养体系的构建［J］.中国高等教育，2010（19）：57-58.

学生的工程素质进行了调查，通过40多个调查指标全面深入地分析了工科大学生的工程素质状况，并对调查结果进行了初步比较[①]。

祝胜男（2015）等对工科学生非专业就业竞争力的现状进行了分析，认为工科大学生就业过程中存在一些问题，如过于强调专业知识和技能，忽视人文素质的养成；对国情缺乏了解，自我认知不够；参加社会活动少，与人沟通、合作能力较弱；受"从众心理"影响，就业心理素质较差等[②]。

李庆丰（2016）以某工科大学为例，调查和分析了工科院校大学生创造性思维的发展，得出工科院校大学生创造性思维发展个体差异很大，独创性能力较差的结论，同时发现工科大学生在大学教育中创造性思维发展不显著，且有下降趋势[③]。

从研究内容上来看，国内学者对于工科大学生就业能力的评价主要基于某一或某几个关键就业能力模块，研究成果对于本研究具有直接的参考价值；从研究方法上来看，大多以逻辑分析和理论探讨为主，直接引入就业能力概念并依据一定评价模型开展实证研究的文献几乎未见。

2.3.3 评述

1. 国外研究

国外学者对于工科大学生就业能力的评价研究主要基于微观层面，关注于对某一专业工科大学生的就业能力状况；在研究方法上主要运用实证分析方法；取得的研究成果比较有针对性；方法和视角的选择可以为我国工科大学生就业能力评价提供参考。

[①] 王章豹，吴娟.工科大学生工程素质现状调查及分析[J].高等工程教育研究，2014（06）：105-111.

[②] 祝胜男，宋惠东.关于提升工科大学生非专业就业竞争力的调查与思考[J].中国成人教育，2010（05）：82-83.

[③] 李庆丰，胡万山.工科院校大学生创造性思维发展研究——基于对J工科大学的调查分析[J].复旦教育论坛，2016（03）：77-86.

2. 国内研究

国内已有研究未关注工科大学生全部就业能力，也没有在经济新常态与就业能力之间建立关联，不仅缺乏从经济新常态背景对就业能力的变化进行系统、深入的剖析，更缺少基于经济新常态的新要求而形成的逻辑自洽与体系完整的工科大学生就业能力分析框架。

2.4 工科大学生就业能力影响因素与对策研究

2.4.1 国外研究

从 21 世纪初开始，工科大学生就业能力影响因素日益引起国外部分学者的关注，也取得了一定的研究成果，其中以东南亚国家的成果居多。由于研究视角不同，研究的方式和结果也不一致。

部分学者对工科大学生整体就业能力的影响因素开展了研究。如 Mgangira（2003）研究了基于问题导向的教学策略和学习方法在技术及非技术应用技能培养过程中发挥的作用[1]；Hansen（2004）主要运用案例分析法研究了反思性对话对就业能力的作用，研究发现与导师之间的反思性对话有助于工科研究生理解团队机制、沟通、组织和项目管理能力的提升[2]；Kolmos（2016）等，通过研究界定了基于就业能力和可持续力的课程改革策略，这些策略包括附加策略、整合策略或重构策略，并强调根据系统变革、学科角色、领导介入以及员工发展等策略的不同，应对策略的含义也是不同的[3]。

有的学者对工科大学生个别就业能力维度的影响因素开展研究。如

---

[1] Mgangira M B. Integrating the Development of Employability Skills into a Civil Engineering Core Subject through a Problem-Based Learning Approach [J]. International Journal of Engineering Education, 2003, 19 (5): 759-761.

[2] Hansen S. The Supervisor in the Project-Organized Group Work Should Participate in Developing the Students Project Competencies [J]. European Journal of Engineering Education, 2004, 29 (3): 451-459.

[3] Kolmos A, Hadgraft R, Holgaard J. Response strategies for curriculum change in engineering. International Journal of Technology & Design Education [J]. August 2016, 26 (3): 391-411.

Pertegal-Felices（2014）等对工科大学生的情商和个人特质等就业能力开展的专门研究。他们研究的假设前提是高校主要通过教育促进大学生掌握与工作相关的能力、技能、胜任力和价值观念。在此基础上，对计算机工程专业及教师培训专业大学生进行分析和比较，同时对上述两个专业的未毕业和已毕业大学生的情商及个人特质进行比较。研究发现，教师培训专业大学生在个人特质方面的得分高于计算机工程专业的大学生，已毕业大学生上述能力高于在校大学生，研究同时提出在高校课程教学中嵌入普适社会、情绪和个人能力等内容以提高工科大学生的就业能力[1]。

有的学者从雇主角度对工科大学生就业能力的影响因素进行了专门研究。如Gokuladas（2011）基于雇主对于工科大学生就业能力的普遍不认可，考察了学生的入学成绩、工程教育成绩、非技术教育成绩、言语推理、逻辑推理和软技能等对工科大学生被雇佣与否的影响，并通过研究发现非技术教育成绩与工科大学生就业能力的相关程度远超过技术教育与就业能力的相关性；Blom（2012）等通过回答以下三个问题对工科大学生就业能力的影响因素开展了一定的研究，并提出了相关对策：①雇主在雇佣工科大学生时看重的能力有哪些？②雇主对工科大学生就业能力的满意程度如何？③哪些重要技能是工程师所缺乏的？调查结果表明，企业对当前工科大学生的就业能力并不满意，雇主比较看重工科大学生的就业软技能，如沟通能力等，并提出高校应重视对工科大学生就业软技能的培养，通过重构评价、教学过程和课程等，将工科大学生就业能力培养的重心从注重低阶思维能力的培养（如识记能力等）转向高阶思维能力的培养（如分析和解决问题能力、创新能力等）；同时建议高校多与企业建立互动，更好地了解企业对工科大学生的实际需求[2]。

---

[1] Pertegal-Felices, et al, Differences between the personal, social and emotional profiles of teaching and computer engineering professionals and students [J].Studies in Higher Education, 2014, 39（7）: 1185-1201.

[2] Blom A, Saeki H. Employability and Skill Sets of Newly Graduated Engineers in India: A Study [J]. Social Science Electronic Publishing, 2012.

2.4.2 国内研究

国内学者近年来对工科大学生就业能力影响因素和培养策略的研究不多,且以理论探讨为主。从已有文献来看,以工程实践能力培养的探讨和研究为主,以整体就业能力或个别就业能力维度影响因素的研究为辅。

部分学者对工科大学生整体就业能力的影响因素开展了一定研究。如姚莉等(2005)通过对影响毕业生就业的主要因素开展调查,分析了现代制造业的发展对工科大学生的沟通能力的要求越来越高的主要原因,并提出了提升工科大学生沟通能力的建议[①];黄厚南(2009)认为地方工科院校办学水平、办学实力、学校就业指导工作水平、毕业生自身因素等,是影响地方工科院校毕业生就业竞争力的主要因素[②]。崔军(2013)基于整体工程观的视角,研究了课程结构调整对毕业生就业能力的影响,认为传统工程教育课程存在诸多弊端,应通过功能、组织原则、要素、课程群的组合关系以及具体课程设计等方面的调整,回应工科毕业生就业能力的诉求[③]。

部分学者对工科大学生部分就业能力模块的影响因素进行了研究。如祖国胤(2011)通过对材料成型与控制工程专业低年级本科生的培训实践进行探讨,指出可以通过增强学生实验技能、提高学生动手能力来培养高素质工科本科生[④];邹积英等(2013)对工科毕业生的就业竞争力开展了一定研究,探究了工科毕业生就业竞争力不高的主要原因,认为学校的人才培养不能适应社会需求、对学生的管理不能适应学生特点、就业指导服

---

① 姚莉,陈炯.社会对工科学生沟通能力的需求及对策[J].黑龙江高教研究,2005(05):155-156.

② 黄厚南.影响地方工科院校毕业生就业竞争力的要素分析[J].学校党建与思想教育,2009(17):72-73.

③ 崔军.整体工程观:毕业生就业能力诉求与课程结构调整[J].湖南师范大学教育科学学报,2013(01):68-72.

④ 祖国胤.提升工科本科生创新能力的科研技能培训[J].实验技术与管理,2011(01):22-24.

务不能适应学生需要是造成工科大学生就业能力不高的主要原因[①]。

部分学者对工科大学生工程实践能力的培养策略开展了专门研究。如关锐雄等（2005）等对高职工程教育课程体系改革与工程实践能力培养的关系进行了探讨，提出了构建以就业为导向、以能力为本位的课程体系等观点[②]；苏永清等（2015）通过分析自动化工程实践教育中存在的问题，提出自动化专业校企联合培养的模式与方案，即采取"以人为本"的开放式、多样化和递进式三级培养模式，基于本科、硕士和博士三个阶段的综合，形成"4+2+3"三段式人才培养模式，来提高工科大学生的工程实践能力[③]；黄长喜等（2016）等分析了我国工程教育在培养学生实践能力及创新精神上存在的不足和问题，并提出积极推进全过程企业就业实习，加强学生实践能力与创新精神培养的建议[④]。

2.4.3 评述

1. 国外研究

国外学者对于工科大学生就业能力影响因素的研究，从学科跨度上看，涵盖了经济学、社会学、教育学、心理学以及管理学等各个学科；从研究方法上看，实现了定性研究与定量研究方法的结合，也有案例分析等方法的使用；从研究视角上看，对于影响因素的考量范围涵盖了高校教育活动、学生个体以及雇主三个利益主体。

国外学者关于工科大学生就业能力影响因素的相关研究成果虽然比较丰富且比较全面，也可以为我国工科大学生就业能力影响因素的探究提供路径参考，但由于我国工科大学生在经济新常态下的就业现实与国外差异

---

① 邹积英，杨树成.关于提升工科类大学生就业竞争力的思考[J].学校党建与思想教育，2013（04）：68-69.

② 关锐雄，陈玲玲.论工程教育课程体系改革与实践能力培养[J].教育与职业，2005（21）：21-22.

③ 苏永清，等.优化校企合作模式提高大学生工程实践能力[J].实验室研究与探索，2013（11）：324-328.

④ 黄长喜，等.工科学生实践能力和创新精神培养与全过程企业就业实习[J].中国成人教育，2012（14）：14-16.

性较大，因此现有研究成果无法直接为我国工科大学生就业能力研究服务，更无法为我国经济新常态下工科大学生就业能力研究所用。

2. 国内研究

从已有文献研究来看，国内学者对于工科大学生就业能力影响因素和对策的关注较晚，主要从21世纪初开始，到目前为止相关文献数量不多，且现有研究主要停留在理论层面的逻辑分析和探讨。

虽然国内学者前期的研究成果可以为我国工科大学生就业能力影响因素的研究提供一定的依据和参考，但由于先期的理论分析缺乏依据实证研究结果对各不同影响因素作用机制的深入探析，因此研究结果的适用性受到质疑；另外，现有研究对于工科大学生就业能力影响因素的分析也限于单层面因素，缺乏对不同因素相互嵌套关系和复杂作用的剖析；更值得注意的是当前研究成果由于没有考虑特定的历史背景和经济发展阶段，因此无法满足本研究对经济新常态下工科大学生就业能力影响因素进行探究的需要。

2.5 经济新常态下工科大学生就业能力的概念界定

2.5.1 相关文献的概念界定

在以往研究中，缺乏对于工科大学生就业能力的概念界定，尤其是关于新常态下的界定。

从现有文献的梳理可以发现，目前国内学者王章豹等对工科大学生的工程素质进行了界定，认为工程素质是：工程技术人员从事工程实践活动应该且必须具备的内在品质和素养，也是高等工程教育的主要培养目标，工科大学生的工程素质结构是工程素质的构成要素及其相互联系、相互作用的方式，可以从工程知识、工程能力和工程精神这三个维度加以分析[1]。从该学者对工程素质的界定不难看出，虽然表述不一样，但实际上

---

[1] 王章豹，吴娟. 工科大学生工程素质现状调查及分析[J]. 高等工程教育研究，2014（06）：105-111.

与工科大学生的就业能力是一脉相承的。

这个概念界定为本研究提供了一定的参考和依据。

2.5.2 本研究的概念界定

经济新常态下,随着经济结构的优化和调整,工程行业越来越向复杂化、大型化、社会化、集成化、绿色化和创新化的方向发展,这对工科大学生的就业能力提出了更高的要求。工程是人类有组织、有计划利用各种资源及相关要素创造和构建人工物、人工实在的实践活动[①]。同时,由于现代工程造物活动具有与传统造物活动不同的特点,它集系统性、科学性、复杂性、社会性、集成性和创新性于一体,因此对于从事工程技术工作的人员的能力和素质提出了很高的要求。

从本章的文献综述可以看出,关于大学生就业能力的界定国内外学者可谓见仁见智。本研究根据以往文献的典型界定,更主要的是将经济新常态经济形势的新特点以及在此背景下工科大学生就业的新特点纳入研究范围,对经济新常态下工科大学生的就业能力做如下界定:经济新常态下工科大学生的就业能力是工科大学生在从事工程实践活动中应该具备的综合能力,既包括工程知识技能,也包括其他通识性能力;既包括适应新常态的基本就业能力,也包括引领新常态发展的延展性就业能力,这些能力有助于工科大学生在新常态下获得和保持工作并引领新常态发展。

另外,在本研究中,为了凸显经济新常态对工科大学生就业能力的新诉求,根据研究需要以及对相关文献的整理,将非经济新常态下工科大学生所普遍需要具备的传统就业能力称为基本就业能力,将工科大学生为满足"互联网+"、供给侧改革等经济新常态下新业态要求的就业能力称为延展性就业能力。

2.6 本章小结

本章通过对相关文献、理论的梳理和归纳,为经济新常态下工科大学

[①] 殷瑞钰,等.工程演化论[M].北京:高等教育出版社,2011.

生就业能力的研究奠定了坚实的基础，本研究的优势主要包括以下三方面内容。

（1）就业能力的概念与结构框架一直呈现出动态的演变和发展。随着社会经济结构与劳动力需求的调整和变化，以及研究者所处时代和社会学科领域的不同，关于就业能力概念和内涵的解读也各有不同。

（2）国外学者对于工科大学生就业能力的研究成果较多。在研究方法的选择上，既重视理论探讨的作用，更强调实证研究与理论分析结合的相得益彰；从研究视角上看，对于工科大学生就业能力结构的探究既考虑了高校教育推动，更考虑了基于雇主视角的社会需求。

（3）国内学者对于工科大学生就业能力的研究成果较少。虽然国内学者对大学生就业能力的关注和研究均起步较晚，但在研究方法的采用上强调理论与实证相结合，且研究的视角也较为丰富。

第 3 章 经济新常态下工科大学生就业能力评价模型的构建

新常态下工科大学生就业能力评价模型的构建是工科大学生就业能力评价的基础。由于工科大学生的就业能力评价要素包含多个层次和维度，因此不能作为一个整体被评价，必须将其分解成既可被观测又相对独立的能力维度或影响因素维度。本章从工科大学生就业能力评价要素的社会诉求基础、文献研究基础和专家认知基础三个层面，通过文献分析法、行为事件访谈法和专家访谈法将工科大学生的就业能力分解成可被观测或评价的要素，初步确立新常态下工科大学生的就业能力评价要素。

在此基础上，依据问卷调查研究的基本步骤编制《经济新常态下工科大学生就业能力评价（初测）量表》。在预测试的基础上，通过探索性因素分析和验证性因素分析筛选出工科大学生就业能力关键评价要素，确立新常态下工科大学生就业能力评价模型，并验证模型的有效性和合理性，形成《经济新常态下工科大学生就业能力评价量表》，为下一章开展工科大学生就业能力评价奠定基础。

3.1 评价模型构建步骤与方法

3.1.1 模型构建步骤

本研究对经济新常态下工科大学生就业能力评价模型的构建主要分四个步骤完成：理论构想、专家验证、实证验证和模型解析（见图 3-1）。

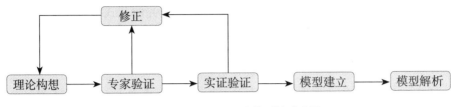

图 3-1 就业能力评价模型构建步骤

第一步,理论构想。通过逻辑思辨首先从社会需求角度,充分考虑"卓越计划"和《华盛顿协议》对工科大学生的能力素质要求,初步提取新常态下工科大学生就业能力评价要素的理论构想,在此基础上,通过文献分析,对工科大学生就业能力关键评价要素加以编码并进行词频分析。

第二步,专家验证。对15名已毕业优秀工科大学生和15名雇主单位管理者开展行为事件访谈,对10名高校就业指导教师进行专家访谈并在此基础上增加经济新常态下工科大学生就业能力评价要素,编制《经济新常态下工科大学生就业能力评价(初测)量表》。

第三步,实证验证。以工科专业大四毕业生为调查对象,对《经济新常态下工科大学生就业能力评价(初测)量表》进行预测试,对预测试数据进行探索性因素分析和验证性因素分析,提取因子分析结果。

第四步,模型解析。在上述理论建构和实证验证的基础上,确立经济新常态下工科大学生就业能力评价模型,并对模型加以诠释。

3.1.2 模型构建方法

1. 文献分析法

通过多种方法获取工科大学生就业能力方面的文献,利用词频统计法对以往文献中关于工科大学生就业能力的要素进行词频编码和统计分析,并概括以往研究中工科大学生就业能力核心构成要素的分布。

2. 行为事件访谈法

由于已有文献对于工科大学生的就业能力研究缺乏经济新常态的视角,因此无法完全符合本研究的需要。为了从企业视角更好地了解经济新常态下工科大学生的就业能力需求，按照质性研究的范式，对雇主单位管理者和已毕业优秀工科大学生开展行为事件访谈工作，了解企业对新常态下工科大学生就业能力关键评价因素的认知，作为对文献分析法的补充。

3. 专家访谈法

基于文献分析法和行为事件访谈法的结果，拟定"经济新常态下工科大学生就业能力评价要素"半结构化访谈提纲，对10名高校就业指导教师进行访谈，了解他们对经济新常态下工科大学生就业能力评价要素的认知。

3.2 评价模型构建要素的基础

3.2.1 社会诉求基础

首先，就业能力的内涵和结构及其演变在很大程度上受制于经济的发展，不同的经济形态和经济发展模式下，社会对大学生就业能力的需求是不一致的。而目前我国的经济发展处于新常态模式下，由于新常态下我国经济形势在相当长一段时期内将发生和保持新的变化，而这些变化将直接影响我国工科大学生的就业形势，并对其就业能力提出新的要求，因此，在构建工科大学生就业能力评价模型时需考虑新常态下工科大学生就业形势的新变化、经济新常态对工科大学生就业能力提出的新要求。同时，鉴于工科人才在我国经济发展中的重要地位，我国一直很重视对工科专业人才的培养。2010年出台的"卓越工程师教育培养计划"（以下简称"卓越计划"）和2013年加入的《华盛顿协议》都对工科人才的培养规格提出了具体要求。这些要求既是基于国家战略高度的需要，更是基于社会公共诉求的考量。在构建工科大学生就业能力评价模型时，需要考虑上述计划中关于人才培养的标准和毕业要求。

综上，本部分从以上两个方面对工科大学生就业能力要素构建的社会诉求基础加以分析，具体包括基本就业能力诉求和延展性就业能力诉求两个方面。

第3章 经济新常态下工科大学生就业能力评价模型的构建

1. 新常态下工科大学生就业形势的新变化

一个国家的宏观经济形势将直接影响大学生的就业形势,而工科大学生的就业形势又将直接影响社会对其就业能力的需求。简单地说,不同时期不同经济形势通过对工科大学生就业形势的影响来表达其对工科大学生就业能力的具体要求。

(1)宏观经济形势的变化。"新常态"的"新"意味着不同于旧态,"常态"意味着稳定均衡,是近年来兴起的经济术语,最早是美国太平洋基金管理公司总裁埃里安(Mohamed EI-Erian)在第40届达沃斯世界经济论坛年会上,针对2008年全球金融危机之后世界经济政治状态做出的一种概括性描述和预测[①]。

2014年,中央经济工作会议首次提出"认识新常态,适应新常态,引领新常态,是当前和今后一个时期我国经济发展的大逻辑"。中国经济新常态的核心在于三个变化:经济增长速度由高速转为中高速,经济结构优化升级,经济发展方式由要素驱动、投资驱动转向创新驱动。经济新常态下我国宏观经济形势较之以往发生了显著变化,这些变化主要表现为以下几方面。

变化1:经济增长速度:由高速增长转为中高速

改革开放40年来,我国经济经历了持续高速增长,对世界经济也做出了巨大贡献。但改革开放在收获经济"红利"的同时也付出了很大代价,主要表现在资源与环境的严重损害、贫富差距拉大等。以粗放型、数量型和扩张为主要特征的经济发展模式已经难以为继,自2015年起,我国经济发展开始进入了以集约型、质量型为主要特征的发展模式,即"新常态"。

经济新常态下,我国年均经济增长速度放缓,表现为从高速增长转变为中高速增长,保持在7%~8%的速度。与我国改革开放40多年来年均增长9.9%的高速增长阶段相比较,年均增长速度大概回落2~3个百分点。

---

① 陆岷峰,虞鹏飞."新常态"背景下中国金融生态环境与金融发展策略[J].天水行政学院学报,2014(6).

但与世界其他国家或全球经济增长速度相比,这一增长速度仍处于领跑状态。根据国际货币基金组织(IMF)2014年10月的预测,2014—2019年世界经济年均增长速度将为3.9%,其中发达国家为2.3%,新兴经济体为5%[①]。

变化2:经济结构调整:由中低端向中高端水平转换

改革开放40年,我国经济长期保持着高速增长。在2008年之前,我国经济的年均增长速度达到了9.8%。而2008—2014年,我国的年均经济增速开始降至8.8%,即经济增长出现从高速增长向中高速增长过渡的阶段性特征,而且这种阶段性特征将表现为一种常态化。经济的"中高速"增长为产业结构调整与优化创造了机会和空间。

新常态下,我国经济的内外部环境也发生了深刻变化。从国际视野看,随着全球经济格局的深度调整,发达国家开始陆续提出"再工业化"战略,将经济发展倚重于向基于新技术平台的制造业和新兴产业,并继续牢固保持以核心技术和专业服务掌控全球价值链的高端环节,无形中对我国产业层次的提升和高端制造业的发展造成巨大压力;同时,一些新兴市场国家也在加快产业升级步伐,并依靠较低的劳动力成本优势在传统产业领域与我国展开竞争。因此,我国的经济发展面临着发达国家抢占战略制高点和发展中国家抢占传统市场的双重压力。

从国内视角看,目前我国经济存在结构性矛盾突出的问题,以往高投入、高消耗和高排放的粗放式发展方式面临着诸多调整。随着劳动力、土地等生产要素价格的持续上涨以及能源和生态环境约束性的增强,产业结构的调整和优化被提上日程。这实际上是一个倒逼机制,要想获得经济的持续健康和有序发展,必须对现有经济结构进行优化。那么现有产业结构调整和优化的目标就是从要素驱动向创新驱动转型,使经济发展更多依靠现代服务业和战略新兴产业,更多依靠科技创新、劳动力素质的提高,更多依靠发展循环经济和节能减排项目,改变依靠人口红利、低附加值产品

---

① 郑京平. 中国经济的新常态及应对建议. 新华网[N]. 2014-11-26.

产能过剩、高端产品供给不足的现状，打造产业新优势，切实增强产业的综合实力和核心竞争力[①]。

变化3：发展动力转换：要素驱动向创新驱动转变

改革开放40年，我国经济保持的高速增长主要依靠的是资源的大量投入、生产要素的低成本和技术的模仿，这种粗放型的增长模式对资源、环境、生态系统和社会保障带来了一系列问题，已经到了难以为继的地步。

在此背景下，经济发展的新常态要求我国经济增长更多依靠技术创新来实现可持续性发展，解决旧的发展方式导致的资源消耗大、环境污染严重、生态系统退化和社会保障体系建设滞后等问题。2008年金融危机之后，全球经济普遍出现增速下降，很多专家认为金融危机的根源在于近10年来美国经济的"去工业化"。

基于对现实经济的考量，美国、欧洲西方发达国家率先采取行动寻找重振经济的新途径：进行技术创新，调整和优化产业结构。美国率先提出"新经济战略"，即"再工业化"战略；欧洲也随即提出"再工业化"战略，如2009年英国提出了"重振制造业战略"，2010年德国通过了《高科技战略2020》，2013年德国政府推出"工业4.0"战略等。

我国是传统制造业大国，在粗放式要素驱动模式下，生产力主要集中在劳动密集型产业，产品的核心技术和创新程度不强，与发达国家相比，科技对经济增长的贡献率较低，以科技带动生产力的发展远未实现。因此，要素驱动和投资驱动模式的经济发展必须向集约型的创新驱动模式转变，唯此才能为产业结构的优化升级提供持续动力。

变化4：经济增长主体：消费需求逐步成为主体

全球金融危机出现后，我国经济发展面临外部需求下降和投资过高，部分行业出现了生产能力过剩的问题。目前，我国GDP对固定资产投资的依赖程度较大。2015年和2016年我国城镇固定资产投资占GDP的比重均达到80%左右（见图3-2），远远超过西方发达国家经济起飞阶段的投

[①] 曾显荣.经济新常态下我国产业结构转型升级的就业效应研究［M］.成都：西南财经大学出版社，2015：11.

资率水平。

诸多经验表明,单纯依靠投资拉动的经济增长已走到尽头,要想实现经济的可持续发展,固定资产的投资率必须下降。投资率过高不但会出现生产能力过剩,导致回报率过低,还可能会对扩大消费需求、实现经济长期健康稳定增长造成影响。随着改革开放后我国居民收入的普遍提高,资源流向、经济的增长以及企业的生产行为与产业结构越来越多地受到居民消费偏好的诱导和影响。

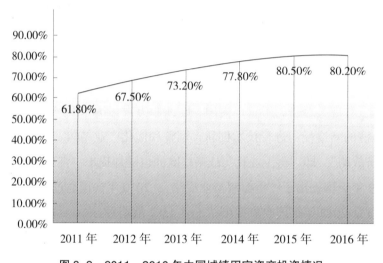

图 3-2 2011—2016 年中国城镇固定资产投资情况

数据来源:根据中商产业研究院数据整理。

变化 5:经济增长助推器:互联网与传统产业的深度融合

从互联网产业自身发展来看,20 年来以互联网为龙头的信息产业对国民经济贡献巨大,且增长强劲;互联网企业的总市值在 GDP 中的比重大幅增长,重要性不断提高;互联网带动了社会就业,行业平均工资水平较高,为就业提供了新的空间。

在新常态下,传统产业面临着产业结构转型和升级的压力。由于互联网产业自身的强势发展以及互联网具有降低信息不对称、减少交易成本、加速专业化分工和提高劳动生产率等特点,其可以为产业结构的转型升级提供重要机遇。

通俗地说,"互联网+"就是"互联网+各个传统产业",但这并不是两者的简单相加,它是利用信息通信技术和互联网平台,实现互联网与传统产业的深度融合,从而催生新的发展业态。互联网交通、互联网金融、互联网教育,以及互联网医疗等新业态的出现,正是互联网与传统产业深度融合的产物。客观地说,"互联网+"代表的是一种新的社会形态,它的典型特征就是充分发挥互联网在社会资源配置中的作用,即优化和集成作用,将互联网的创新性成果深度融合于社会各行业之中,提升全社会的创新能力和生产能力,从而形成以互联网为基础设施和实现工具的更广泛的经济发展新形态。

从全球范围看,"互联网+"已成为后金融危机时代经济复苏及经济增长的助推器和重要引领力量。随着2015年3月李克强总理在政府工作报告中提出制定"互联网+"行动计划,推动移动互联网、云计算、大数据和物联网等与现代制造业结合,促进电子商务、工业互联网和互联网金融健康发展,引导互联网企业拓展国际市场,"互联网+"行动计划被上升至国家战略层面,更明确了其在新常态下将成为经济增长的新引擎。基于此,"互联网+"在未来国家GDP的增长和产业升级中将发挥重要拉动作用。

(2)工科大学生就业形势的变化。由上述分析可见,在经济新常态下,随着产业结构的调整、升级以及高新技术领域的飞速发展,劳动力人才与就业市场也出现多元化的发展,使得工科大学生的就业形势经历了深刻的变化,就业环境产生了较多的不确定性。上述宏观经济形势为工科大学生的就业既带来机遇又带来挑战。在现阶段,我国需要大量具备科技创新能力的人才,工科大学生作为应用性高层技术人员的主要提供者必将成为经济新常态发展所需人才的主力军。随着"新常态"下我国经济增速的降档、经济结构的优化调整以及要素驱动向创新驱动的转变,工科大学生的就业形势将呈现以下新的特点。

特点一:工科大学生成为高层次应用型人才的主力军

工科大学生作为各学科门类大学生中占比最大的群体,在经济新常态下成为满足国家对高层次应用型人才需要的主力军。

在大学生群体中,工科大学生的规模最大。据统计,工科院校占我国院校总数的30%左右,开设工科专业的本科高校占所有本科高校总数的91.5%;高等工程教育的本科在校生452.3万人,占高校本科在校生规模的32%[①]。根据麦可思发布的《2016年中国本科生就业报告》,工科专业大学生在本科生毕业半年后的就业率排名第二,仅次于管理学专业,且从2013—2015三届毕业生就业率的变化趋势可以看出,本科学科门类中工学毕业生就业半年后的就业率持续上升(见图3-3)。这反映了我国现阶段人才需求结构的现实状况,即较之于其他学科门类,工科大学毕业生较为符合社会发展的趋势和需求。

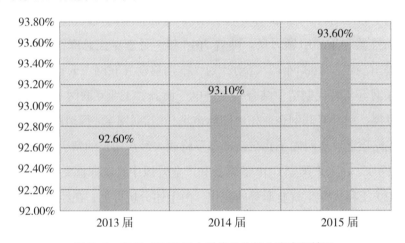

图3-3 2013-2015届本科毕业生就业率变化情况

数据来源:根据麦可思数据整理。

在经济新常态下,面临经济的中高速发展、经济发展动力的转换以及产业结构的升级转型,我国工科大学毕业生的职业技能更加显现出不可替代的优势。在数量上占绝对优势的工科大学生越来越成为经济新常态的主力军。基于此,我国对于工科高层次人才的需求将继续保持高位。

---

① 教育部. 我国高等工程教育改革迈出重大步伐[EB/OL]. http://www.moe.edu.cn/publicfiles/business/htmlfiles/moe/s5987/201308A55995.html,2013-08-20.

同时，为了提高有效对接经济中高速发展的节奏和速度，在经济中高速增长的过程中也需要提高工科大学生的就业能力，增强工科优质人才的供给能力。

特点二：社会新增就业岗位的不确定性增强

新常态下新增就业岗位从数量上和布局上都具有较强的不确定性，对工科大学生的就业能力提出了挑战。根据经济新常态的特点，我国未来一个时期的经济增长将从高速转为中高速。在经济增速放缓的前提下，每年新增就业岗位数量能否与经济增速保持良好的对应存在较大的不确定性。

从 2014—2016 年中国新增就业岗位的变化趋势来看，三年的新增就业岗位分别是 1 322 万个、1 312 万个和 1 314 万个，而 2014—2016 年的失业率分别为 5.1%、4.05% 和 4.02%。而从新增就业岗位的变化可以看出，随着经济新常态催生的新业态和新经济模式日益增多，新增就业岗位更多地向"互联网+"等商业模式转变，且更多地以自主性创业项目为支撑。根据资料显示：目前全国大学生创业成功率最高的地区是江浙地区，也仅为 4.6%，而全国的平均水平在 2% 左右。创业项目成活率不高，这将在一定程度上影响工科大学生就业岗位的稳定性。

同时，我国当前实施的创新战略强调经济发展从要素驱动向创新驱动的转变，但是在创新过程中，以资本、技术和管理创新为主要标志的新经济增长方式，可能会在一定程度上对社会就业岗位的增长产生排挤效应。当前我国高校对工科大学生的培养仍然以理论知识为主，培养模式上没有出现实质性的创新，对于实践应用型的工科大学生就业技能的培训有待进一步加强，这也不利于经济新常态下较好的发挥工科的专业优势和经济发展的主力军作用。

特点三：就业结构性矛盾突出

我国改革开放 40 多年来的经济高速增长，主要依靠的是资源消耗型、劳动密集型企业的支撑。在这种粗放型经济发展模式下，由于大多数企业处于产业价值链的低端，其产品的技术含量和利润都相对较低，对于具备高技术的优质人才和较强产品研发能力的工科毕业生的需求比较有限。

同时，近几年来我国第三产业增加值占GDP比重持续提升，2013—2016年平均增长速度为49.1%，自2013年起，第三产业占GDP的比重开始超过第二产业，意味着我国的经济正在由工业主导向服务业主导加快转变。这样的背景下，我国高等教育的毛入学率从1991年的3.5%上升到2016年的40%，这导致就业的结构性矛盾比较突出：社会需求和就业供给的不相适应造成近几年中小型企业用工荒与高校毕业生就业难并存的两难境地（见图3-4）。

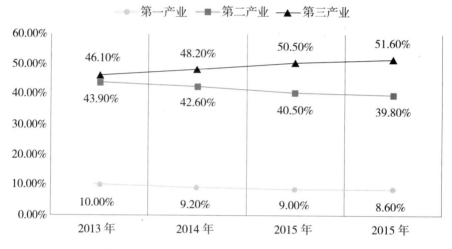

图3-4 我国三大产业增加值占GDP比重变化

特点四：创业和技术性失业成为就业常态

在经济新常态下，随着经济发展动力从要素驱动、投资驱动向创新驱动的转变，2015年我国提出"大众创业，万众创新"，国家出台各种相关政策文件大力扶持在大学生中开展创新创业。大学生通过成功创业实现就业的案例越来越多，而作为拥有应用型技术的工科大学生而言，通过科技创新获得风险投资而走上创业道路更顺理成章。同时，国家也给予工科大学生创业以相当优惠的政策。从结构上看，民营中小型企业以及二三线城市的用人需求有所上升，同时国家对小微企业实施减免营业税的政策，鼓励小微企业接纳高校毕业生。这些政策均为工科大学生创业提供了便利。

同时，由于科技创新步伐的加快以及"互联网+"的飞速发展，技术性失业将成为一种就业常态而出现。互联网以及以互联网为代表的新技术的不断推陈出新，使得人们原来赖以生存的就业岗位消失了很多。例如，2012年市值全美第一的美国苹果公司，全球员工累计不超过6万人，而20世纪60年代末的美国通用汽车，仅本土员工就达到60多万。这说明技术的进步将倒逼人们适应转型或将引起失业。

在新常态的背景下，产业结构的优化升级引起的技术创新和更替，以及"互联网+"、创新驱动等对经济发展带来的新变化，将使得技术性失业成为常态。

特点五："互联网+"引领就业新思维

在经济新常态背景下，互联网由于其自身的优势在经济增长中扮演着日益重要的角色。据不完全统计，截至2015年，我国拥有6.3亿互联网用户，人数早已位居世界第一。如此巨大的用户基数为我国经济新常态下新的商业模式和就业模式选择提供了基础，也成为我国发展"互联网+"的优势所在。随着国家对工业化和信息化深度融合的推进，"互联网+"对工科大学生就业与创新的支撑作用越发势不可挡。2015年，由北京大学市场与媒介研究中心、赶集研究院发布的《2015互联网+时代，就业主力军现状报告调查》显示，随着互联网在各行各业的全面渗透，"90后"在就业中面临着自主创业的门槛越来越低等趋势，这进一步显示出"互联网+"对就业带来的积极影响。

但客观地说，"互联网+"是一把双刃剑。一方面，它为产业结构升级、创新创业和大学生就业提供了更多的机会选择，也为在校大学生的学习提供了更加便捷的信息获取渠道，使得碎片化、终身化、跨界化学习成为可能；另一方面，它也对大学生的素质提出了更高的要求。

《2015互联网+时代，就业主力军现状报告调查》显示，2015年有66.1%的企业未能招满计划招聘的就业主力军工人，出现较严重的用工荒；而求职者方面，调查显示，72.6%的"90后"毕业生已找到工作，有27.4%的毕业生还没有找到满意的工作，求职难的形势依旧严峻。这说明市场的结构性矛盾和供求关系的不匹配依旧存在，尤其近年来产业转型，用人单位对人才的要求与求职者所具备的知识技能有差距，因此出现招聘难与就业难的矛盾性并存。由此，工科大学生要想把握住"互联网+"带来的就业和创业机会，还必须增强技能，使自己的就业能力与"互联网+"所需要的思维和技能相匹配。

2. 新常态下工科大学生基本就业能力诉求

虽然就业能力具有随一定社会历史时期和经济结构动态演变的特点，但就一些基本就业能力而言，将表现出相对的稳定性。在经济新常态下，工科大学生首先应满足国内外雇主单位对于其基本就业能力的需求，在此基础上发展基于"互联网+"和供给侧改革等要求的延展性就业能力。

由于我国工科大学生的就业能力培养自2010年起就以"卓越计划"的毕业要求为目标和导向；而在2013年，我国又成为《华盛顿协议》的签约成员，因此在一定程度上可以认为，自2013年起我国对于工科大学生的就业能力要求同时考虑了"卓越计划"及《华盛顿协议》的标准和要求。事实上，通过比对"卓越计划"和《华盛顿协议》对工科大学生的毕业要求，不难发现二者对于工科大学生的毕业要求具有很多共性。

"卓越计划"和《华盛顿协议》的毕业要求更多体现的是学生在毕业之际应该掌握的知识技能和能力，同时由于以往文献中对工科大学生就业能力要素的相关研究成果也可以为经济新常态下工科大学生就业能力要素的提取提供理论基础，因此本书将从"卓越计划"、《华盛顿协议》的毕业要求以及以往文献中厘清工科大学生的基本就业能力要素，为之后的评价量表编制提供依据。

（1）基于"卓越计划"的就业能力要求。2010年6月，我国教育部启动实施"卓越计划"。这项计划是教育部贯彻落实《国家中长期教育改革和发展规划纲要（2010—2020年）》和《国家中长期人才发展规划纲要（2010—2020年）》的重大改革项目，也是促进我国由工程教育大国迈向工程教育强国的重大举措。

"卓越计划"的人才培养目标主要是：面向工业、面向世界、面向未来，培养造就一大批创新能力强、适应经济社会发展需要的高质量各类型工程技术人才，为建设创新型国家、实现工业化和现代化奠定坚实的人力资源优势，增强我国的核心竞争力和综合国力。"卓越计划"的重点任务主要有以下5个方面：①创立高校与行业企业联合培养人才的新机制；②创新工程教育的人才培养模式；③建设高水平工程教育教师队伍；④提升工程教育的国际化水平；⑤制定"卓越计划"人才培养标准。

根据对上述重点任务的描述，从工科大学生就业能力培养的视角来看，"卓越计划"将使高校的人才培养以行业企业需求为导向，以工程实际为背景，以工程技术为主线，通过密切高校和行业企业的合作、制定人才培养标准、改革人才培养模式、建设高水平工程教育师资队伍、扩大对外开放，着力提升学生的工程素养，着力培养学生的工程实践能力、工程设计能力和工程创新能力[①]。

从"卓越计划"毕业要求中可以提炼出工科大学生就业能力的相关要求，见表3-1。

表3-1 "卓越计划"对工科大学生的毕业要求

序号	具体要求
1	基本素质：具有良好的工程职业道德、追求卓越的态度、爱国敬业和艰苦奋斗精神、较强的社会责任感和较好的人文素养。
2	现代工程意识：具有良好的质量、安全、效益、环境、职业健康和服务意识。
3	基础知识：具有从事工程工作所需的相关数学、自然科学知识以及一定的经济管理等人文与社会科学知识。
4	专业知识：掌握扎实的工程基础知识和本专业的基本理论知识，了解生产工艺、设备与制造系统，了解本专业的发展现状和趋势。
5	学习能力：具有信息获取和职业发展学习能力。
6	分析解决问题能力：具有综合运用所学科学理论、分析与解决问题的方法和技术手法，解决工程实际问题的能力，能够参与生产及运作系统的设计，并具有运行和维护能力。

---

① 林健."卓越工程师教育培养计划"质量要求与工程教育认证[J].高等工程教育研究，2013（06）：49-61.

续表

序号	具体要求
7	创新意识和开发设计能力：具有较强的创新意识及进行产品开发和设计、技术改造与创新的初步能力。
8	管理与沟通合作能力：具有较好的组织管理能力、较强的交流沟通、环境适应和团队合作的能力。
9	危机处理能力：具有应对危机与突发事件的初步能力。
10	国际交流合作能力：具有一定的国际视野和跨文化环境下的交流、竞争与合作的初步能力。

（2）基于《华盛顿协议》的就业能力要求。1989年，来自美国、英国、加拿大、爱尔兰、澳大利亚和新西兰6个国家的民间工程专业团体发起和签署了《华盛顿协议》。该协议是工程教育本科专业学位互认协议，其宗旨是通过多边认可工程教育资格，促进工程学位互认和工程技术人员的国际流动。具体地说，由签约成员认证的工程学历被视为基本相同，且毕业于任一签约成员认证课程的工科大学生，均应被其他签约国（地区）视为已获得从事初级工程工作的学术资格。

我国于2013年6月成为《华盛顿协议》的正式成员，加入协议意味着通过工程教育认证的学生可以在会员国地区取得工程师执业资格。加入协议使得中国工程教育的人才培养质量标准与国际通行标准实质等效，但互认学位并不是终点，学习、了解并掌握工程教育的国际前沿，切实提高我国工程教育水平和职业工程师的能力才是"不忘初心"。

基于《华盛顿协议》的工程教育专业认证标准的核心是基于成果导向，以学生为中心，旨在促进每位学生的全面发展。在培养目标上，工程教育认证主要强调的是学生能力的培养，如自学能力、分析与解决问题的能力、主动学习能力、团队工作能力，以及交流与沟通能力等，中心是学生如何学好[①]。

根据《华盛顿协议》工程专业认证标准中的毕业要求，提炼出工科大

---

① 赵亦希，等.以学生能力培养为导向是工程教育专业认证的基本准则[J].上海教育评估研究，2014（04）：5-7.

学生的就业能力要求（见表3-2）。

表3-2 《华盛顿协议》对工科大学生的毕业要求

序号	具体要求
1	具有较好的人文社会科学素养、较强的社会责任感和良好的工程职业道德。
2	具有从事工程工作所需的相关数学、自然科学知识以及一定的经济管理知识。
3	掌握扎实的工程基础知识和本专业的基本理论知识，了解本专业的前沿发展现状和趋势。
4	具有综合运用所学科学理论和技术手段分析并解决工程问题的基本能力。
5	掌握文献检索、资料查询及运用现代信息技术获取相关信息的基本方法。
6	具有创新意识和对新产品、新工艺、新技术和新设备进行研究、开发和设计的初步能力。
7	了解与本专业相关的职业和行业的生产、设计、研究与开发的法律、法规，熟悉环境保护和可持续发展等方面的方针、政策和法律、法规，能正确认识工程对于客观世界和社会的影响。
8	具有一定的组织管理能力、较强的表达能力和人际交往能力以及在团队中发挥作用的能力。
9	具有适应发展的能力以及对终身学习的正确认识和学习能力。
10	具有国际视野和跨文化的交流、竞争与合作能力。

3. 新常态下工科大学生延展性就业能力诉求

新常态下，工科大学生除了需要具备具有普适价值的就业能力之外，基于经济新常态下我国宏观经济形势以及工科大学生就业形势的显著变化，本研究对经济新常态下工科大学生就业能力的延展性诉求进行初始理论阐述。

（1）以工匠精神为基础。笼统来讲，工匠精神是指一种注重细节、精益求精、追求品质的工作原则和热爱、专注并持续深耕的职业伦理，以及在这种过程中所达成的审美和精神境界。在动力、结构和质量悄然变化的新常态下，中国经济正告别增速"围城"，开始探索新的发展前景。在此过程中，引发了传统工匠精神的回归浪潮。与此相适应，高校在工科大学生就业能力的培养过程中，必须以工匠精神为基础。

一方面，全球金融危机之后，实体经济的战略意义被重新评估：美国率先提出"新经济战略"，即"再工业化"战略；欧洲也随即提出"再工业化"战略，如2009年英国提出了"重振制造业战略"，2010年德国通过了《高科技战略2020》，2013年德国政府推出"工业4.0"战略等。面临发达国家和新兴经济体"双向挤压"的挑战以及新科技革命与转变经济发展方式的历史性交汇，2015年，我国也提出了打造制造业强国的"中国制造2025"战略。

另一方面，在新常态下，经济增长表现为消费需求逐步成为主体。为实现消费需求与供给的合理匹配而开展的供给侧结构性改革，必须重视工匠精神的回归。因为在供给侧去产能过剩之后，企业发展的驱动力则是消费社会后期的转型需要。因此，生产端必须适应消费端越来越多的个性化需求，如情感、服务、环保和个性化和价值观等。从这一角度来看，消费端对高品质产品的需求将推动企业必须在生产端强调工匠精神的回归。

总的来说，一方面国家对于实体再造业的重视，以及伴随对国内产业升级的反思，使得我国制造业开始发出重拾工匠精神的呼声；另一方面，供给侧改革中生产端对消费端需求的重视，使得工匠精神得以在企业回归。

在上述语境下，随着国家产业战略和教育战略的调整，高校的育人观念、学生的就业观念以及企业的用人观念都会发生转变，"工匠精神"将成为工科大学生的普遍追求；同时，由于工匠精神所崇尚的注重细节、精益求精、追求品质以及专注等职业伦理是工科大学生获得职业成功的基石，因此本研究在理论分析阶段初步认为"工匠精神"是经济新常态下工科大学生就业能力的基础。

（2）以创新能力为核心。新常态下，要素驱动向创新驱动的转变对工科大学生提出了创新能力的新要求。当前，我国正进入经济结构转型升级的关键时期，我国的经济正经历从"中国制造"到"中国创造"的转变，这一转变是以创新为基础的。

目前世界公认的创新型国家约有20个，它们的共同特征是：研发投入占GDP的比例一般在2%以上；科技对经济增长的贡献率在70%以上；

对外技术依存度指标一般在30%以下。而我国研发投入占GDP的比例虽然已经达到了2.1%，但科技对经济增长的贡献率却仅为39%左右，对外技术的依存度仍高达40%以上。由此可以看出，虽然近年来我国科技工作取得了长足进步，但与世界主要创新型国家相比，还存在相当明显的差距。

因此，在当前尤其强调创新的经济结构中，那些没有创新基础和意识的工作人员需要学习新技能、适应新的经济模式，没有专业知识技术的更新，就会有失业的风险。从微观角度看，技术含量较高的就业岗位将增加劳动者寻求就业岗位或者进行职业转换的难度，对周期性和结构性失业者的再就业造成障碍。

而对于工科专业大学生而言，在经济新常态发展中要担当起成为国家高水平工程技术人员的职责，就需要加强创新能力培养，用科技创新来与经济的健康、可持续发展对接。对于国家经济发展而言，创新驱动是经济增长的主要动力；对于工科大学生来说，创新能力是实现科技创新的关键，因此本研究在理论分析阶段初步认为创新能力是工科大学生就业能力的核心。

（3）以终身学习能力为主线。终身学习是指社会每个成员为适应社会发展和实现个体发展的需要，贯穿于人的一生、持续的学习过程。即我们所常说的"活到老学到老"或"学无止境"。

在"卓越计划"和《华盛顿协议》对工科大学生的毕业要求中，学习能力其实均被提及。如果说学习能力对于工科大学生的就业能力很关键，那么终身学习能力就是重中之重。而经济新常态下，培养工科大学生的终身学习能力则更为迫切。

由于新常态下，新产品、新行业、新产业、新业态和新的商业模式推陈出新的速度正在加快，新的经济增长动力也在加快孕育，因此无论企业还是个人，都同时面临经济转型升级的机遇和挑战。新常态是一个开放的时代，是一个更迭的时代，是一个创新的时代，是一个碎片化的时代，这样一个时代需要工科大学生具备开放的心态并保持持续的学习力，去应对来自时间和空间的压力与转型，只有保持终身学习的习惯和能力，才能适应经济发展的新常态，并在新常态的浪潮中迸发活力和创造奇迹。同时终身学习的能力也应引起各高等教育机构的足够重视,以终身学习能力的培养为主线,在学习中创新,在学习中适应,在学习中跨界,在学习中整合,以终身学习能力引领其他各项就业能力要素的发展。

基于此,本研究在理论分析阶段初步认为终身学习能力是经济新常态下工科大学生就业能力的主线。

(4) 以跨界思维、分享思维和资源整合能力为统领。简单地说,跨界思维就是大世界大眼光,多角度、多视野地看待问题和提出解决方案的一种思维方式。它不仅代表着一种时尚的生活态度,更代表着一种新锐的世界大眼光、思维特质。如果说工业社会可以承受传统教育培养的"标准规格"人才,然而经济新常态下,社会已经有了多元的人才诉求,随着"互联网+"传统产业的发展以及各种新经济模式的兴起,更需要我们的人才用跨界思维去审视经济的转型和产业的优化升级,并创造出适应新常态发展的更新、更好的产品和商业模式。

分享思维是在分享经济的语境下产生的思维模式,所谓分享经济是指将社会海量、分散、闲置的资源,平台化、协同化地集聚、复用与供需匹配,从而实现经济与社会价值创新的新形态[①]。"瞬息万变"已不足以形容经济新常态下科技的增长,也正因为此,很多专家提出,这个时代已不再是单打独斗的时代,而是一个相互依存、彼此合作的时代。合作的基础是分享,俗话说"能舍才能得。"同时,当下比较热的分享经济的核心即是"分享思维",即要求企业具备与用户分享、与合作者和竞争者分享的思维。

简单地说,资源整合是系统论的思维方式,是将一些看起来彼此不相关的事物加以组合,创造出一种新生事物,使各种资源自身的价值得到增值的过程。新常态的重要特征之一就是经济发展动力向创新驱动的转换,即无论技术的创新还是新产品的诞生,都不能仅靠对资源的占用,因为资源并不能自动产生竞争优势,要想让资源能够产生竞争优势和创新成果,就必须对不同的资源进行有效整合,在整合过程中打破常规,产生新产品

---

① 冯枭英.以加强就业能力为导向的教学改革[J].国际教育交流.2013(3):23-25.

或新事物。一定程度上可以认为，谁具有更好的资源整合能力谁就拥有无可争辩的竞争力。

基于上述，跨界思维、分享思维和资源整合能力在引领经济发展新常态中具有主导作用，因此本研究在理论分析阶段初步认为这三种能力是经济新常态下工科大学生就业能力的统领。

（5）以信息技术能力为依托。首先，经济新常态下，"互联网+"战略越来越成为全国聚焦的热点。"互联网+传统产业"带来的改变已经触及社会的各个角落。同时，随着"大数据"的日益成熟以及技术手段和"云计算"的发展，工科大学生同样面临新的技术、新的手段、新的思维带来的挑战，传统的信息技术能力已无法契合时代的要求，必须加以改革。

通俗地说，"互联网+"就是"互联网+传统行业"，但并非二者的简单相加，它是利用信息通信技术和互联网平台，使互联网和传统行业实现深度融合，并发挥互联网在社会资源配置中的优化和集成作用。在"互联网+"快速发展的背景下，工科大学生需要具备符合新常态要求并引领其发展的信息技术能力。

其次，近年来我国大数据的研究和应用也呈现出急剧增长的趋势。《"十二五"国家战略性新兴产业发展规划》明确提出，支持海量数据存储、处理技术的研发与产业化；而国家"十三五"规划提出的"十四大战略"中更包含了"国家大数据战略"。由于大数据战略要求数据具有多样、大量、高速、易变、真实和价值六大特点，因此对于企业实现准确的市场定位，为客户提供精准的服务等均具有重要意义，也是企业满足消费端需求，促进供给侧结构性改革的不二法则。工科大学生作为国家高级工程技术人员的主要后备力量，在未来的求职和职业发展过程中必须具备较强的信息技术能力。

由于信息技术能力对于工科大学生而言近乎是一个基础性能力和其他能力的依托，因而本研究在理论分析阶段初步认为信息技术能力是经济新常态下工科大学生就业能力的依托。

3.2.2 文献分析基础

以往文献中虽然缺乏以经济新常态为背景的工科大学生就业能力研究，但有一些关于工科大学生就业能力的研究成果，这些成果可以为本研究对于新常态下工科大学生就业能力基本评价要素的确立奠定基础。因此，本部分在对工科大学生就业能力评价要素的相关文献进行综述的基础上，通过对评价进行词频编码和统计分析，概括出以往研究者所关注的工科大学生就业能力关键评价要素。

1. 内容构成与编码

从第 2 章的文献综述可以看出，对于工科大学生就业能力的已有研究文献并不多见，对于经济新常态下工科大学生就业能力的研究更是凤毛麟角。已有研究成果无论是对就业竞争力要素的界定，还是对工科大学生素质技能的研究均可以为本书中涉及的工科大学生基本就业能力要素提供基础。同时，由于以往文献中关于工科大学生就业能力的专门研究甚少，而学界较为认可的一些通识性能力在一定程度上可以为工科大学生基本就业能力要素的确立提供参考。根据上文对新常态下工科大学生就业能力社会诉求的分析，结合对相关研究文献的解读，初步提炼出以下新常态下工科大学生就业能力评价要素。

（1）工程知识技能。众所周知，"工程是知识密集型的造物活动"，因而工科专业异于人文社会科学，具有较强的专业性。虽然工程教育专业认证标准看似更多地强调工科大学生能力的培养，但实际上诸如自学能力、分析与解决问题的能力都需要建立在扎实的工程专业知识的基础上。可以说，工程知识是构成工科大学生就业能力的最基本的要素，它是指人类在工程实践中，通过认识自然、改造自然以及发展社会生产力等活动所获得的关于各种事物的本质及其规律性的成果总结。长期以来，由于技术与工程不分离，人们往往把工程视为科学和技术的应用，工程知识也常常被视为科技知识的一部分[①]。

---

① 邓波，贺凯. 试论科学知识、技术知识与工程知识[J]. 自然辩证法研究，2007（10）：41-46.

国内有学者对于工科大学生的工程知识现状进行了调查，认为工程知识主要包括工程知识结构的合理性、对工程的基本认识、获取工程知识和信息的渠道、对工程感兴趣的情况以及对科学与工程常识的了解[1]。有的学者基于国际工程教育认证标准对工科大学生的能力素质要求，设计了工科大学生素质指标，关于工程知识主要体现在高等工程教育维度中，通过工程管理与经济知识、认识工程对环境和社会的影响，以及环境保护与可持续发展意识等体现。

（2）通用知识技能。21世纪以来，通用知识技能在求职和职业发展过程中的重要作用日益受到重视。它是大学生整体素质的体现，是其增加就业机会、提高就业能力必不可少的组成部分[2]。美国、英国、德国早就将"通识教育"作为高等教育的核心内容[3]，澳大利亚也明确指出到2020年高等教育的使命是输送符合国家和全球劳动力市场需求的有知识、技能和适应能力的优秀人才[4]。2015年，国务院在《统筹推进世界一流大学和一流学科建设总体方案》中提到"双一流"任务要求，其中非常重要的一项任务就是培养富有创新精神和通用知识技能的各类创新型、应用型、复合型的优秀人才。

固然由于工程学科的专业性较强，比较强调工程知识的学习，但已有研究表明，在学业期间，忽略对情感、自我管理能力、社会适应性、人际沟通能力、领导力等非认知能力的培养，而过度投资于以"知识积累"为核心的认知能力的大学生，其整体就业能力不能更好地满足雇主单位的需求。工程教育专业认证标准中也强调工科大学生各种非认知能力的培

---

[1] 王章豹，吴娟.工科大学生工程素质现状调查及分析[J].高等工程教育研究，2014（06）：105-111.

[2] 马永霞，薛晗.英国大学生就业能力Career EDGE模型解析：内容体系与实践应用[J].外国教育研究，2016（11）：109-119.

[3] 杨春梅.英国大学专业教育和通识教育融合的实践及其启示[J].教育探索，2011（2）：156-159.

[4] Australian government. Review of Australian higher education report [R/OL].（2008-12-17）. http://www.deewr.gov.au/highereducation/ review/pages/ review of Australian higher education report.aspx [2011-11-11].

养。事实上，工科大学生的非认知能力培养对其职业发展水平具有重要影响[①]。现代企业对大学生就业能力的要求是除了具备专业工程知识技能外，还需掌握与非认识能力相关的人文、社科等知识。结合工科专业的就业特点，工科大学生的知识结构应该强调宽专结合，要以坚实的基础和技术科学知识为基础，以精湛的专业理论和技术为支撑，以丰富的人文、社科、经济和管理知识为补充。

（3）自我管理能力。现代管理学大师彼得·德鲁克指出，自我管理是个体为了获得良好的社会适应和发展，能动地对自己进行管理的过程，自我管理水平的高低是影响个体社会适应能力、活动效果以及心理健康状况的重要因素。对于工程技术人员而言，其在从事实践活动的长期过程中需要具有正确的价值观念、思维方式和行为规范等，它是工科大学生就业能力的核心，自学能力、主动学习能力和主动通用知识技能等都需要建立在自我管理的基础上。同时，经济新常态下，我国对于工程科技人才的需求也呈现出多样性特点。满足经济新常态的需求，也需要工科大学生形成良好的自我管理能力。因为只有这样，才能实现工科大学生的自我成长和全面发展。

以往有学者对自我管理能力进行了一定的研究，有的学者认为大学生的自我管理能力包括生活自我管理能力、学习自我管理能力、技能自我管理能力和职业发展自我管理能力几个方面[②]；有的学者认为自我管理能力包括自我认知、自我计划、自我控制和自我激励等方面[③]；有的学者认为自我管理就是自己对自己的管理，自我管理的目标指向一是适应社会发展对个人素质的需要；二是适应自我个性选择的需要[④]。

（4）创新能力。早在2009年，中国工程院的潘云鹤院士就提出我国

---

① 孙国府，张羽.非认知能力培养对工程师职业发展水平的实证分析——以工科生大学期间参与学生社工为例[J].高等工程教育研究，2014（4）：43-49.
② 黎鸿雁，等.高职学生自我管理能力培养的研究[J].中国成人教育，2013（24）：91-93.
③ 史庆伟.大学生自我管理能力培养探析[J].教育教学论坛，2011（23）：255-256+179.
④ 卜泽东.基于人的全面发展的高校学生自我管理能力培养[J].中国成人教育，2015（15）：41-43.

未来的发展迫切需要三类工程人才：一是具备技术通用知识技能及多专业知识交叉应用的技术集成型创新人才；二是具备技术通用知识技能，能够进行创新设计的产品创新设计人才；三是具备技术通用知识技能及创业与市场开发能力的工程经营管理人才[①]。

经济新常态下，我国经济发展的动力开始由要素驱动、投资驱动向创新驱动转变，《中共中央国务院关于深化体制机制改革加快实施创新驱动发展战略的若干意见》提出要营造激励创新的公平竞争环境，建立技术创新市场导向机制，强化金融创新的功能，完善成果转化激励政策，构建更加高效的科研体系，创新培养、用好和吸引人才机制，推动形成深度融合的开放创新局面，加强创新政策统筹协调。党的十八届五中全会提出了全面创新的思想，具体包括理论创新、科技创新、管理创新和模式创新等一系列创新。在这样的背景下，无论科技创新、动力创新还是空间创新，都离不开高水平工程技术人员的支撑。

以往研究中，有的学者认为，创新能力至少应包括发现新问题和新事物的能力，提出解决新问题的思路或方案的能力，将思路或方案付诸实践并取得创新性成果的能力[②]。有的学者认为，创新能力包括创新变革性行为和创新前瞻性行为[③]。

（5）决策与执行力。所谓的决策能力是指对某件事情拿主意，做决断的能力，而执行力是指"心动不如行动"，就是"做"的能力。从经济新常态下工科大学生面临的就业形势来看，由于新增就业岗位的有限性以及新的经济业态的更迭和替换，工科大学生需要具备面对复杂环境的审时度势能力或决策能力。

随着产业结构从中低端向中高端发展，企业对项目的投入—产出绩效

[①] 潘云鹤.中国的工程创新与人才对策［C］.2009 国际工程教育大会文集，北京：2009（10）：10-17.
[②] 林健.卓越工程师创新能力的培养［J］.高等工程教育研究，2012（05）：1-17.
[③] 孙春玲，张梦晓，赵占博，等.创新能力、创新自我效能感对大学生自主创业行为的影响研究［J］.科学管理研究，2015（04）：87-90.

提出了更高的要求。在有限的资源条件下，如何判断和选择项目，如何保证项目的实施和任务的完成较之以往都更为迫切。同时，经济新常态的一个显著特点就是强调创新驱动。而已有研究表明，决策能力与企业的技术创新具有密不可分的关系。对于工科大学生而言，其未来的职业生涯发展离不开企业的技术创新，这些需要以一定的决策能力为基础。

从目前理论研究的主流来看，众多学者都认为决策者对问题识别能力的掌握是衡量领导能力的关键指标之一。Mintzberg 进一步划分了决策过程的几个阶段，他将其分为：问题识别、问题研究和方向选择[1]。

就执行能力而言，很多研究表明：虽然战略对于企业竞争力的形成非常关键，但即便采取同样的战略，企业也不一定会形成相似的战略绩效。也就是说，高投入的研发不一定会产生高的投资回报，即使是高创新的产品也可能由于不恰当的市场推广而失败。因此，学者们越来越关注对战略执行过程的研究，因为执行力是决定战略成败更重要、更关键的因素。同样，在经济新常态下，无论创新驱动在经济增长中的动力作用发挥还是"互联网+"与传统工业的结合，若想取得较好的成效，必须依托良好的执行能力贯穿始终，否则所谓的新常态发展就是无根之木，无本之源。

（6）社会适应能力。社会适应能力是工科大学生就业能力的内在需要。当今互联网时代既为大学生的学习、生活带来了便利，同时也弱化了他们的人际适应能力和语言表达能力等。在经济新常态背景下，一方面工科大学生面临着更严峻的就业压力，另一方企业的生产组织过程更加复杂和严密，责任分工与团队合作要求更高，这些都需要工科大学生以良好的社会适应能力来应对。

我国学者对大学生社会适应能力的关注始于 20 世纪 80 年代，随着研究的不断深入和学科角度的愈加丰富，关于大学生社会适应能力的研究日益增多。通过对以往研究的梳理可以发现，当代大学生由于多种原因导致

---

[1] 何悦桐，卢艳秋.战略柔性和决策能力对企业技术创新的影响分析[J].吉林大学社会科学学报，2012（06）：150-154.

其社会适应能力较差[①][②][③]。有的学者从社会学视角研究大学生适应能力，认为大学生的社会适应能力差，从校园人到社会人的角色转变困难，表现为自身素质与职业要求不匹配等[④]；有的学者从生源地角度探讨大学生的社会适应能力问题，认为农村大学生的社会适应能力需要加强[⑤]。

关于大学生社会适应能力的内涵，有学者认为，既包括大学生毕业后走向社会适应环境、得以生存的能力，还包括大学生在校期间的各种适应能力，如学习适应能力、生活适应能力、人际交往适应能力、职业发展适应能力等[⑥]。我国学者方晓义等专门针对中国大学生开发了《中国大学生适应量表》，认为大学生适应能力包括人际关系适应、学习适应、校园生活适应、择业适应、情绪适应、自我适应和满意度7项[⑦]。

在此基础上，本部分在综合新常态对工科大学生就业能力的社会诉求和文献分析的前提下，初步提炼出工科大学生就业能力包含的基本要素（见表3-3）。由于评价模型的构建过程中从文献分析、企业认知、高校教师认知三个角度来共同确立新常态下工科大学生的就业能力要素，而不同群体的话语体系是有差异的，因此为了保证统计分析过程中话语体系的一致性，本研究对相关语境下相似的具体语义进行了统一编码。

[①] 凌云志.高校如何建构以社会适应性为导向的人才培养体系［J］.中国高等教育，2016（22）：51-53.

[②] 章竞思，王爱芬.大学毕业生社会适应能力的探析［J］.中国高教研究，1998（02）：87-88+91.

[③] 肖丽琴.运用 Fuzzy 公式法对大学生社会适应能力的综合评价［J］.武汉体育学院学报，2004（05）：138-139+145.

[④] 宋之帅，等.大学生就业压力与社会适应能力关系实证研究［J］.福州大学学报（哲学社会科学版），2014（05）：80-84.

[⑤] 戴斌荣.农村籍大学生社会适应能力的培养［J］.教育评论，2013（01）：57-59.

[⑥] 眭国荣，丁晖.构建"四位一体"的大学生社会适应能力培养新体系［J］.江苏高教，2015（01）：95-97.

[⑦] 教育部《大学生心理健康测评系统》课题组，方晓义，沃建中，等.《中国大学生适应量表》的编制［J］.心理与行为研究，2005（02）：95-101.

表 3-3　工科大学生就业能力要素编码

分类	代码	描述
工程知识技能	EK	具有合理的工程知识结构、对工程具有基本认识、对工程感兴趣、了解科学与工程常识，具有工程思维，具有工匠精神，具有环境保护与可持续发展意识。
通用知识技能	GK	具有良好的语言及文字表达能力，掌握一定的人文社科知识、经济管理知识，具有动手能力以及计算和信息处理能力。
自我管理能力	SM	具有良好的学习自我管理能力、职业发展自我管理能力、自我认知、自我计划、自我控制和自我激励。
创新能力	IC	具备发现新问题和新事物的能力、提出解决新问题的思路或方案的能力，具有跨界思维，能够取得创新性成果。
决策与执行力	DM	能够把握决策的最好时间，决策具有独立性，具有问题识别能力、风险感知能力、方向选择能力和任务执行能力。
社会适应能力	SA	具有环境适应能力、生活适应能力、人际交往适应能力、职业发展适应能力、情绪适应、终身学习能力和团队合作能力。

2. 频率统计与结果

（1）文献来源及分类。本研究利用 CNKI 和 EBSCO、WEB OF SCIENCE、ProQuest 和 EI CompendexWeb 数据库，通过检索"工科""工程""就业""素质"等几个关键词，截至 2016 年 7 月共检索到关于工科大学生就业能力要素相关的英文文献 28 篇，中文文献 27 篇。由于文献数量不多，因此需要与前述社会诉求基础和后述专家认知基础相结合来确立新常态下工科大学生就业能力的关键要素。

（2）评价要素频率统计分析结果。根据工科大学生就业能力文献中关于就业能力构成要素的词频编码与分析，关于工科大学生就业能力构成要素的词汇共出现 139 次，根据编码体系，具体分析结果见表 3-4。

表 3-4 基于文献的工科大学生就业能力要素词频分析

要素		代码	频次	比例
工程知识技能（EK）	工程专业知识	PK	10	7.19%
	工程实践能力	PA	10	7.19%
	工程思维素质	TQ	5	3.60%
	工匠精神	SC	2	1.44%
	工程与科学常识	CS	8	5.76%
	工程生态意识	ES	2	1.44%
通用知识技能（GK）	计算机操作能力	CO	5	3.60%
	信息技术能力	IT	6	4.32%
	中文表达能力	CW	1	0.72%
	英语运用能力	EW	5	3.60%
	人文社科知识	HS	3	2.16%
自我管理能力（SM）	认知的自我管理	CM	3	2.16%
	自我内在价值观	SE	1	0.72%
	行为的自我管理	BM	3	2.16%
	情绪的自我管理	EM	7	5.04%
	学习的自我管理	LM	7	5.04%
	时间的自我管理	TM	7	5.04%
创新能力（IC）	跨界思维能力	CT	—	0.00%
	资源整合能力	RI	—	0.00%
	问题解决能力	PS	10	7.19%
	发明创造能力	IC	2	1.44%
决策与执行力（DM）	识别判断能力	IJ	5	3.60%
	相机抉择能力	MD	3	2.16%
	任务实施能力	TI	4	2.88%
	任务实现能力	TA	4	2.88%
社会适应能力（SA）	沟通交往能力	CS	10	7.19%
	团队合作能力	TC	10	7.19%
	终身学习能力	LL	5	3.60%
	对他人的接纳能力	RA	1	0.72%
	分享思维	ST	—	0.00%
总计			139	100%

注："—"代表已有研究文献中未提及此项就业能力要素。

从表 3-4 可知，从分类上看，属于工程知识技能的词汇共出现 37 次；通用知识技能方面的词汇共出现 20 次；自我管理能力方面的词汇共出现

28次;创新能力方面的词汇共出现12次;决策与执行力的词汇共出现16次;社会适应能力的词汇共出现26次。

3.2.3 专家认知基础

社会诉求和文献分析为新常态下工科大学生就业能力要素的提取提供了基础,但由于对社会诉求的分析更多的是基于思辨层面,而对于文献的分析又缺乏新常态为背景,因此,本部分将通过行为事件访谈法和专家访谈法进一步了解雇主单位和高校教师对新常态下工科大学生就业能力构成要素的认知,为评价模型的构建奠定基础。

1. 雇主单位的认知

访谈内容:①访谈对象的年龄,其从事当前工作的年限、职位、职责;②访谈对象在当前工作中是否经历过印象非常深刻的事情;③请访谈对象谈一下在工作中比较满意的事情和不太满意或是感到受挫的事情;④访谈时间为30~40分钟,访谈提纲见附录1。

访谈对象:在全国7个地区共计选取15名已毕业优秀工科本科大学生和15名雇主单位管理者作为访谈对象,期望通过他们了解哪些就业能力是雇主单位比较看重的,以确定新常态下工科大学生就业能力的关键要素。访谈对象的基本情况见表3-5。

表3-5 行为事件访谈对象的基本情况

分类		数量	百分比
学校层次	985高校	10	33.3%
	211高校	10	33.3%
	普通高校	10	33.3%
学校类别	理工类	14	46.7%
	综合类	16	53.3%
性别	男	17	53.3%
	女	13	46.7%
职称	助理工程师	6	20%
	工程师	8	26.6%
	高级工程师	16	53.3%
毕业年限	毕业3年内	10	40%
	毕业5~10年	12	46.7%
	毕业10年以上	8	13.3%

访谈结果：通过对访谈记录中关于经济新常态下工科大学生就业能力构成要素的整理和统计，访谈中提到就业能力构成要素的词汇共出现296次（同一受访对象多次谈及同一词汇时仅按1次记录），其分布情况见表3-6。

表3-6 基于雇主和优秀已毕业工科大学生的就业能力要素词频分析

要素		代码	频次	比例
工程知识技能（EK）	工程专业知识	PK	13	4.79%
	工程实践能力	PA	16	1.80%
	工程思维素质	TQ	6	1.50%
	工匠精神	SC	5	2.40%
通用知识技能（GK）	工程与科学常识	CS	8	0.90%
	工程生态意识	ES	3	4.79%
	计算机操作能力	CO	17	5.09%
	信息技术能力	IT	12	3.59%
	中文表达能力	CW	3	0.90%
	英语运用能力	EW	19	5.69%
	人文社科知识	HS	6	1.80%
自我管理能力（SM）	认知的自我管理	CM	5	1.50%
	自我内在价值观	SE	3	0.90%
	行为的自我管理	BM	6	1.80%
	情绪的自我管理	EM	20	5.99%
	学习的自我管理	LM	12	3.59%
	时间的自我管理	TM	22	6.59%
创新能力（IC）	跨界思维能力	CT	5	1.50%
	资源整合能力	RI	6	1.80%
	问题解决能力	PS	24	7.19%
	发明创造能力	IC	3	0.90%
决策与执行力（DM）	识别判断能力	IJ	4	1.20%
	相机抉择能力	MD	3	0.90%
	任务实施能力	TI	8	2.40%
	任务实现能力	TA	8	2.40%
社会适应能力（SA）	沟通交往能力	CS	16	4.79%
	团队合作能力	TC	23	6.89%
	终身学习能力	LL	14	4.19%
	对他人的接纳能力	RA	3	0.90%
	分享思维	ST	3	0.90%
总计			296	100%

从表 3-6 可知，工程知识技能的词汇共出现 40 次；通用知识技能的词汇共出现 68 次；自我管理能力的词汇共出现 68 次；创新能力的词汇共出现 38 次；决策与执行力的词汇共出现 23 次；社会适应能力的词汇共出现 59 次。

2. 高校教师的认知

高校是工科大学生就业能力培养的关键场所。获取高校教师对新常态下工科大学生就业能力的认知非常关键，因此本部分引入对高校就业指导教师的访谈结果，以便更加客观地确立新常态下工科大学生就业能力的构成要素。

访谈内容：①在教师开展就业指导工作过程中，其认为企业比较看重工科大学生哪些方面的能力；②教师认为工科大学生的就业能力较之人文社科专业大学生有什么区别；③教师认为经济新常态下，工科大学生应该具备哪些与以往不同的就业能力；④访谈时间为 30~40 分钟，访谈提纲见附录 3。

访谈对象：在全国 7 个地区共计选取 10 名高校就业指导教师作为访谈对象，旨在了解高校教师对新常态下工科大学生就业能力关键要素的认知。访谈对象在学校、性别、学科、职称和毕业时间等方面的分布情况见表 3-7。

表 3-7　行为事件访谈对象的基本情况

	分类	数量	百分比
学校层次	985 高校	4	40.00%
	211 高校	3	30.00%
	普通高校	3	30.00%
学校类别	理工类	5	50.00%
	综合类	5	50.00%
性别	男	4	40.00%
	女	6	60.00%
工作年限	工作 5 年内	3	30.00%
	工作 5~10 年	3	30.00%
	工作 10 年以上	4	40.00%

访谈结果：通过对访谈记录中关于经济新常态下工科大学生就业能力构成要素的整理和统计，访谈中提到就业能力构成要素的词汇共出现162次（同一受访对象多次谈及同一词汇时仅按1次记录），其分布情况见表3-8。

表3-8 基于高校教师认知的工科大学生就业能力要素词频分析

要素		代码	频次	比例
工程知识技能（EK）	工程专业知识	PK	8	5.76%
	工程实践能力	PA	8	5.76%
	工程思维素质	TQ	5	1.44%
	工匠精神	SC	3	2.16%
	工程与科学常识	CS	4	1.44%
	工程生态意识	ES	2	1.44%
通用知识技能（GK）	计算机操作能力	CO	5	3.60%
	信息技术能力	IT	8	2.88%
	中文表达能力	CW	6	4.32%
	英语运用能力	EW	7	5.04%
	人文社科知识	HS	5	3.60%
自我管理能力（SM）	认知的自我管理	CM	3	2.16%
	自我内在价值观	SE	2	1.44%
	行为的自我管理	BM	4	2.88%
	情绪的自我管理	EM	6	4.32%
	学习的自我管理	LM	5	3.60%
	时间的自我管理	TM	6	4.32%
创新能力（IC）	跨界思维能力	CT	3	2.16%
	资源整合能力	RI	4	1.44%
	问题解决能力	PS	8	5.76%
	发明创造能力	IC	4	1.44%
决策与执行力（DM）	识别判断能力	IJ	5	1.44%
	相机抉择能力	MD	7	1.44%
	任务实施能力	TI	5	3.60%
	任务实现能力	TA	5	3.60%
社会适应能力（SA）	沟通交往能力	CS	10	7.19%
	团队合作能力	TC	10	7.19%
	终身学习能力	LL	6	4.32%
	对他人的接纳能力	RA	4	2.16%
	分享思维	ST	4	2.16%
总计			162	100%

从表 3-8 可知，工程知识技能的词汇共出现 30 次；通用知识技能的词汇共出现 31 次；自我管理能力的词汇共出现 26 次；创新能力的词汇共出现 19 次；决策与执行力的词汇共出现 22 次；社会适应能力的词汇共出现 34 次。

3.3 评价模型构建要素的初步确立

3.3.1 评价要素关注度分布

研究者、企业人员和高校教师对新常态下工科大学生就业能力评价要素的认知既有共性也有差异，通过对三个不同群体认知要素关注度进行频次统计，可以清晰归纳出其共同关注的就业能力核心评价要素。不同群体对工科大学生就业能力的关注度分布合计见表 3-9，其变化趋势如图 3-5 所示。

表 3-9　不同群体对工科大学生就业能力的关注度分布

要素		代码	研究者	雇主单位	高校教师	合计
工程知识技能（EK）	工程专业知识	PK	7.19%	4.79%	5.76%	17.74%
	工程实践能力	PA	7.19%	1.80%	5.76%	14.75%
	工程思维素质	TQ	3.60%	1.50%	1.44%	6.54%
	工程与科学常识	CS	1.44%	2.40%	2.16%	6.00%
	工匠精神	SC	5.76%	0.90%	1.44%	8.10%
	工程生态意识	ES	1.44%	4.79%	1.44%	7.67%
通用知识技能（GK）	计算机操作能力	CO	3.60%	5.09%	3.60%	12.29%
	中文表达能力	CW	4.32%	3.59%	2.88%	10.79%
	英语运用能力	EW	0.72%	0.90%	4.32%	5.94%
	人文社科知识	HS	3.60%	5.69%	5.04%	14.33%
	信息技术能力	IT	2.16%	1.80%	3.60%	7.56%
自我管理能力（SM）	认知的自我管理	CM	2.16%	1.50%	2.16%	5.82%
	自我内在价值观	SE	0.72%	0.90%	1.44%	3.06%
	行为的自我管理	BM	2.16%	1.80%	2.88%	6.84%
	情绪的自我管理	EM	5.04%	5.99%	4.32%	15.35%
	学习的自我管理	LM	5.04%	3.59%	3.60%	12.23%
	时间的自我管理	TM	5.04%	6.59%	4.32%	15.95%
创新能力（IC）	跨界思维能力	CT	0.00%	1.50%	2.16%	3.66%
	资源整合能力	RI	0.00%	1.80%	1.44%	3.24%
	问题解决能力	PS	7.19%	7.19%	5.76%	20.14%
	发明创造能力	IC	1.44%	0.90%	1.44%	3.78%

续表

要素		代码	研究者	雇主单位	高校教师	合计
决策与执行力（DM）	识别判断能力	IJ	3.60%	1.20%	1.44%	6.24%
	相机抉择能力	MD	2.16%	0.90%	1.44%	4.50%
	任务实施能力	TI	2.88%	2.40%	3.60%	8.88%
	任务实现能力	TA	2.88%	2.40%	3.60%	8.88%
社会适应能力（SA）	沟通交往能力	CS	7.19%	4.79%	7.19%	19.17%
	团队合作能力	TC	7.19%	6.89%	7.19%	21.27%
	终身学习能力	LL	3.60%	4.19%	4.32%	12.11%
	对他人的接纳能力	RA	0.72%	0.90%	2.16%	3.78%
	分享思维	ST	0.00%	0.90%	2.16%	3.06%
总计			100%	100%	100%	100%

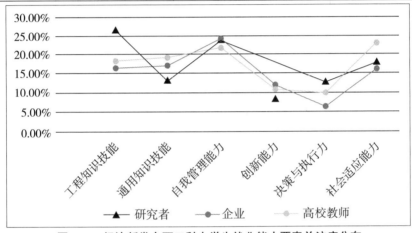

图 3-5 经济新常态下工科大学生就业能力要素关注度分布

从表 3-9 和图 3-5 可以看出：①关注度最高的是自我管理能力，其次是对社会适应能力的关注度，且三类群体的关注度比较均衡；②关注度较高的是工程知识技能和通用知识技能，且三类群体关注度不均衡，研究者更加关注工程知识技能，雇主单位和高校教师相对更加关注通用知识技能；③关注度较低的是创新能力和决策与执行力，且三类群体的关注度不均衡。雇主单位更加关注创新能力，研究者的关注度较低；研究者和高校教师对决策与执行力的关注度接近，雇主单位关注度不高。

3.3.2 评价要素的初步确立

基于对社会诉求、研究文献以及专家认知的梳理和统计分析结果，初步提取出包含 6 个一级维度和 30 个二级维度的新常态下工科大学生就业能力评价要素，见表 3-10。

表 3-10　经济新常态下工科大学生就业能力初始要素

类属	要素	代码	百分比
社会适应能力（SA）	团队合作能力	TC	21.27%
创新能力（IC）	问题解决能力	PS	20.14%
社会适应能力（SA）	沟通交往能力	CS	19.17%
工程知识技能（EK）	工程专业知识	PK	17.74%
自我管理能力（SM）	时间的自我管理	TM	15.95%
自我管理能力（SM）	情绪的自我管理	EM	15.35%
工程知识技能（EK）	工程实践能力	PA	14.75%
通用知识技能（GK）	英语运用能力	HS	14.33%
通用知识技能（GK）	计算机操作能力	CO	12.29%
自我管理能力（SM）	学习的自我管理	LM	12.23%
通用知识技能（GK）	终身学习能力	LL	12.11%
通用知识技能（GK）	信息技术能力	CW	10.79%
决策与执行力（DM）	任务实施能力	TI	8.88%
决策与执行力（DM）	任务实现能力	TA	8.88%
工程知识技能（EK）	工程与科学常识	SC	8.10%
工程知识技能（EK）	工程生态意识	ES	7.67%
通用知识技能（GK）	人文社科知识	IT	7.56%
自我管理能力（SM）	行为的自我管理	BM	6.84%
工程知识技能（EK）	工程思维素质	TQ	6.54%
决策与执行力（DM）	识别判断能力	IJ	6.24%
工程知识技能（EK）	工匠精神	CS	6.00%
通用知识技能（GK）	中文表达能力	EW	5.94%
自我管理能力（SM）	认知的自我管理	CM	5.82%
决策与执行力（DM）	相机抉择能力	MD	4.50%
创新能力（IC）	发明创造能力	IC	3.78%
社会适应能力（SA）	对他人的接纳能力	RA	3.78%
创新能力（IC）	跨界思维能力	CT	3.66%
创新能力（IC）	资源整合能力	RI	3.24%
社会适应能力（SA）	分享思维	ST	3.06%
自我管理能力（SM）	行为的自我管理	BM	6.84%
总计			100%

3.4 评价模型的形成与解析

尽管前述已经从社会诉求、文献分析和专家认知的角度，对新常态下工科大学生就业能力评价要素的构成进行了相关探讨，但从实证角度来看，要素的确定是否合理以及稳定性如何还需要经过信度、效度检验。因此，本研究首先从效度分析角度采取探索性因子分析和验证性因子分析对就业能力评价要素进行归类及解释，其次通过信度分析确保问卷结构具有合理性和稳定性，最终确立经济新常态下工科大学生就业能力的理论模型和实证框架。

3.4.1 探索性因子分析

1. 评价量表的初步设计

依据初步确立的 30 个新常态下工科大学生就业能力评价要素，设计《经济新常态下工科大学生就业能力评价（初测）量表》。量表中包含 30 个就业能力要素，采用 Likert Scale5 点量表进行计分，从"非常不符合"到"非常符合"分别记 1 到 5 分。

2. 评价量表的预测试

从预测试目的来看，主要是为正式评价量表的确立提供基础，即通过因子分析来确立工科大学生就业能力评价要素。本研究的预测试对象，主要是 2015 届工科大学生。2015 年 3—4 月，运用《经济新常态下工科大学生就业能力评价（初测）量表》，在北京、天津、济南和长沙 4 个城市共选取 8 所大学，对 913 名工科在校大学生进行了预测试。测试采用现场集中答题的方式，所获取的数据将为量表题项的调整和最终评价要素的确立提供直接依据。预测试共回收 878 份有效问卷，有效率为 96.2%。

从满足因子分析所需要的样本量来看，尽管学者们对于多少样本量才能保证因子分析的可靠性需要并没有一致性的看法，但目前多数学者认为要想获得可靠的结果，受试样本数量至少要多于量表题项。根据我国统计学著名学者吴明隆提出的综合性观点，分量表题目与受试者的比例至少为 1∶3，且总数不应少于 100 人。按照吴明隆取样法来计算取样数量，本次预测试量表共有题目40项，相对应的采样人数不应少于120人。本次预测试样本的数量为878份，可以充分满足因子分析的需要。

3. 评价量表的信度检验

问卷的信度就是问卷的可靠性，指采用同样的方法对同一对象进行重复测量时所得结果的一致性和稳定性程度，即反映实际情况的程度。

一致性检验是指同一样本群体在接受完全相同内容的问卷测试后，各方面衡量结果显示出较强的正相关；稳定性是指同一样本群体在不同的时间和地点接受相同测试时，测试结果无显著差异。信度越高，说明测试结果越可靠，反之亦然。信度分析的方法主要有再测信度法、复本相关法、折半信度法以及克隆巴赫信度系数法（Cronbach's Alpha）等。目前，在社会科学研究领域，比较常用的信度检验方法是克隆巴赫信度系数法，即克隆巴赫系数越高，问卷信度越高，问卷调查结果的一致性和稳定性程度就越高，问卷就越可靠。通常，Cronbach's Alpha ≤ 0.5时，认为问卷信度不高；0.5<Cronbach's Alpha ≤ 0.7时，问卷信度一般；0.7<Cronbach's Alpha<0.9时，认为问卷信度比较好；Cronbach's Alpha ≥ 0.9时，问卷信度非常好。

本研究中，通过Spss22.0统计软件对预测试回收的数据进行信度检验，结果显示，《经济新常态下工科大学生就业能力评价（初测）量表》的Cronbach's Alpha为0.961，大于0.9，说明量表具有非常高的信度。

4. 评价量表的效度检验

问卷的效度就是评测问卷的有效性，是指所测量到的结果反映所要考察内容的程度，测量结果与要考察的内容越吻合，效度就越高；反之亦然。本研究中的效度检验主要是对问卷调查的结果展开探索性因素分析和验证性因素分析，确立因子变量，并对因子变量进行命名和解释。效度检验包括内容效度、准则效度和结构效度。根据本研究的实际情况，需要对其进行结构效度的检验。

目前较为常见的检验结构效度的方法是进行取样足够度检验（KMO）和巴特利（Bartlett）球形检验。当KMO值越接近1时，表示变量间的共同因素越多,越适合进行探索性因素分析。依据 Kaiser 的观点,KMO 值至少在 0.6 以上才适合进行探索性因素分析,0.7 表示非常一般,0.8 表示合适,0.9 以上表示非常合适。同时,由于做因子分析时需要一个单位矩阵,而 Bartlett 球形检验可以用来衡量相关系数矩阵是否达到了需要,其标准是球形检验的值只有达到显著水平,即 $P<0.05$ 才可以进行因子分析。

运用本研究预测试问卷的数据进行取样足够度检验和 Bartlett 球形检验,结果表明,《经济新常态下工科大学生就业能力评价(初测)量表》的 KMO 值为 0.941,均大于 0.9,Bartlett 检验值均为 Sig. = 0.000<0.001(见表 3-11),这说明量表均适合因子分析。

表 3-11 数据样本的 KMO 和 Bartlett 检验结果

类别	就业能力要素	影响因素
Kaiser-Meyer-Olkin 测量取样适当性	0.941	0.929
Bartlett 的球形检定大约卡方	23 986.188	21 732.646
df	406	190
显著性	0.000	0.000

5. 因子分析及结果

运用主成分分析法对工科大学生就业能力的数据进行分析,抽取特征根大于 1 的因子,并对缺失值按列表排除个案,对成分矩阵进行最大方差旋转,得到工科大学生就业能力和影响因素的碎石图如图 3-6 所示。碎石图是根据最初抽取的因子个数所能解释的变异程度绘制而成。从图 3-6 中可以发现,在第 6 个因子之后碎石图曲线趋于平缓,第 6 个因子特征值为 1.011。

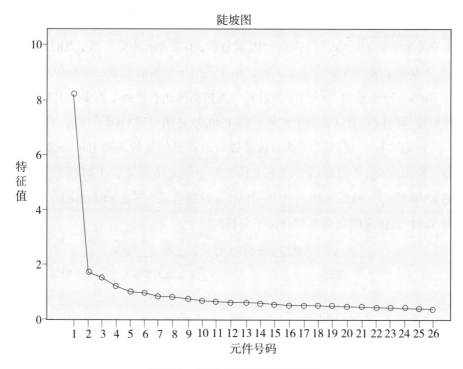

图 3-6 提取六因子后的碎石图

删除低负载（载荷小于 0.4）和双负载（在两个因素上载荷之差小于 0.2 或同时大于 0.4）的题项，最终提取 6 个就业能力因子，共包含 26 个要素，总体方差解释度为 68.250%（见表 3-12）。

表 3-12 经济新常态下工科大学生就业能力因子

	1	2	3	4	5	6
学习的自我管理	0.803					
时间的自我管理	0.789					
情绪的自我管理	0.781					
行为的自我管理	0.745					
认知的自我管理	0.697					
工程实践能力		0.812				
工程专业知识		0.784				
工程思维素质		0.775				
工匠精神		0.726				
工程与科学常识		0.614				
跨界思维能力			0.809			

续表

	1	2	3	4	5	6
资源整合能力			0.792			
问题解决能力			0.764			
发明创造能力			0.625			
电脑操作能力				0.797		
信息技术能力				0.761		
英语运用能力				0.713		
人文社科知识				0.698		
团队合作能力					0.787	
沟通交往能力					0.779	
终身学习能力					0.742	
分享思维能力					0.636	
识别判断能力						0.753
任务实施能力						0.729
任务实现能力						0.654
相机抉择能力						0.617
各因子载荷量（%）	14.073	12.291	12.179	11.080	10.549	8.078
累积载荷量（%）	14.073	26.364	38.543	49.623	60.172	68.250

3.4.2 验证性因子分析

为了进一步考察量表的结构效度，利用 AMOS22.0 首先对量表进行验证性因子分析。根据 Hu 和 Bentler（1999）的建议，可以采用比较拟合程度指标（CFI）和标准化假设模型整体残差（SRMR）来判断模型的拟合程度。[①] 一般来说，CFI 值大于 0.9，SRMR 值小于 0.05 可以认为假设模型与研究数据有着良好的拟合程度。经过分析，《经济新常态下工科大学生就业能力评价（初测）量表》的 CFI 值大于 0.9，其 SRMR 值小于 0.05，这说明量表的拟合程度比较好（见表 3-13）。

表 3-13 测评问卷验证性因素分析拟合指数

问卷	X^2	df	X^2/df	NFI	CFI	RMSEA	SRMR
就业能力要素	898.90	452	1.99	0.912	0.913	0.048	0.042

[①] Hu L, Bentler P M. Cut off criteria for fit indexes in covariance structure analysis: Conventional criteria versus new alternations [J]. Structural Equation Modeling, 1999（6）.

3.4.3 因子确定及命名

根据研究预设并结合因子分析结果将各因子命名如下（见表3-14）。

根据每个因子所包含的项目内容进行命名并按因子载荷由高到低排序：因子1—自我管理能力、因子2—工程知识技能、因子3—创新能力、因子4—通用知识技能、因子5—社会适应能力、因子6—决策与执行力。

表3-14 工科大学生就业能力评价模型要素

因子	项目	载荷
因子1：自我管理能力 解释度14.073%	时间的自我管理	0.803
	情绪的自我管理	0.789
	学习的自我管理	0.781
	行为的自我管理	0.745
	认知的自我管理	0.697
因子2：工程知识技能 解释度12.291%	工程实践能力	0.812
	工程专业知识	0.784
	工程思维素质	0.775
	工匠精神	0.726
	工程与科学常识	0.614
因子3：创新能力 解释度12.179%	跨界思维能力	0.809
	资源整合能力	0.792
	问题解决能力	0.764
	发明创造能力	0.625
因子4：通用知识技能 解释度11.080%	电脑操作能力	0.787
	信息技术能力	0.779
	英语运用能力	0.742
	人文社科知识	0.636
因子5：社会适应能力 解释度10.549%	团队合作能力	0.797
	沟通交往能力	0.761
	终身学习能力	0.713
	分享思维能力	0.698
因子6：决策与执行力 解释度8.078%	识别判断能力	0.753
	任务实现能力	0.729
	任务实施能力	0.654
	相机抉择能力	0.617

3.4.4 评价模型的解析

基于新常态诉求分析、文献研究结果，以及专家认知的综合分析结果，并经探索性因子分析和验证性因子分析，本研究最终确立经济新常态下工科大学生的就业能力评价模型包含6个一级维度、26个二级维度，其中包括20项基本就业能力，6项延展性就业能力（见图3-7）。

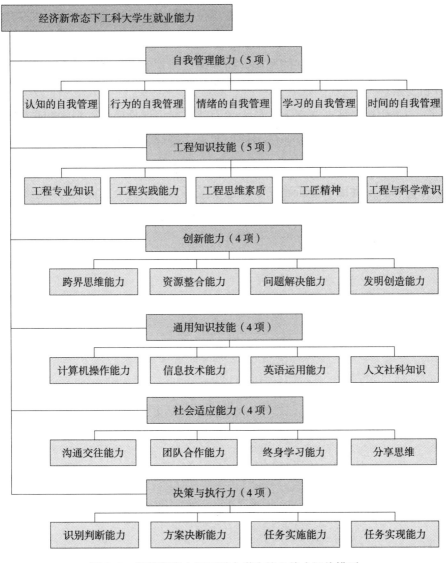

图 3-7　经济新常态下工科大学生就业能力评价模型

3.5 本章小结

本章主要通过理论构想、专家认知、实证验证和模型解析完成对经济新常态下工科大学生就业能力评价模型的构建，主要包括两方面内容。

（1）经济新常态下工科大学生就业能力评价要素的识别。结合社会对新常态下工科大学生就业能力的需求，在对工科大学生就业能力已有文献研究进行分析的基础上，通过对雇主单位管理者、已毕业优秀工科大学生的行为事件访谈以及对高校就业指导教师的专家访谈，确认新常态下工科大学生就业能力评价要素的基础，初步确立新常态下工科大学生就业能力评价要素。

（2）构建经济新常态下工科大学生就业能力评价模型。根据初步确立的新常态下工科大学生就业能力评价要素，设计《经济新常态下工科大学生就业能力评价（初测）量表》，并通过发放预测试问卷，采用探索性因子分析和验证性因子分析确立新常态下工科大学生6个就业能力一级维度和26个二级维度，确立评价模型并对模型加以诠释。

第4章 经济新常态下工科大学生的就业能力评价

要满足经济新常态对工科大学生就业能力的需求，必须对工科大学生现有就业能力及其特点有一个清晰的把握。因此，本章将利用第3章确立的《经济新常态下工科大学生就业能力评价量表》，共分两次对全国7个地区21所高校的3 000名工科大四毕业生，进行整体分层抽样调查，并根据调查结果对数据进行统计分析，旨在评价新常态下工科大学生就业能力的实际状况和特征。

在对评价结果的分析过程中，主要从整体就业能力、不同维度就业能力以及不同类型就业能力三个层面展开分析，基于分析归纳出新常态下工科大学生就业能力的发展特点，并对性别、学校层次、学校类别、生源地、群体类型以及学校所在地区间的差异特征进行比较分析。在此基础上，尝试建立回归方程，将院校特征和个人基本特征作为控制变量引入，进行工科大学生就业能力差异的多元有序回归分析，进一步确认工科大学生各就业能力维度的重要程度。

4.1 样本选取与变量说明

4.1.1 样本来源

本研究的主要调查对象为工科专业大四毕业生，为了保证调查效果，样本尽量涵盖常见的工科专业，主要专业分布见表4-1。

为使样本具有充分的代表性，研究采用分层随机混合抽样法，运用《经济新常态下工科大学生就业能力评价量表》，在全国范围内选取21所高校工科专业 2015 届和 2016 届大四本科毕业生进行调查，调查对象分布在华北、华中、华东、华南、西南、西北和东北七大地区，涵盖了综合类高校和理工类高校，全部为公立大学，包括 985 高校、211 非 985 高校（以下简称 211 高校）和普通高校三个层次，同时考虑了性别的比例分布。

表 4-1　调查样本的专业分布

类别	专业
地质类	地质学、选矿工程、矿物加工、采矿工程、冶金工程、勘查技术与工程、金属材料工程、无机非金属控制工程、轧钢
矿业类	自动化、机械与自动化、高分子材料与工程、热能与动力工程、能源与动力、石油工程、核技术、核工程与核技术、材料物理
建筑类	建筑学、建筑与环境、建筑规划、建筑节能技术与工程、工程造价、工程管理、土木工程、风景园林、园林工程
计算机类	计算机科学与技术、软件工程、网络工程、通信工程、光信息科学与技术、光电信息科学与工程、电子信息工程、信息工程、信息安全

为保证问卷作答的真实性，全部发放纸质评价量表，将问卷寄送至相关高校工科专业四年级辅导员，由辅导员组织大四毕业生在约定时间内集中观看培训视频后填写。共发放 3 000 份问卷，回收有效问卷 2 840 份，问卷有效率为 94.67%。样本的统计学指标如下（见表 4-2）。

表 4-2　有效问卷样本分布情况

变量	类别	数量	百分比
性别	男	1 550	54.6%
	女	1 290	45.4%
院校层次	985 高校	926	32.6%
	211 高校	949	33.4%
	普通高校	965	34.0%
院校类别	综合类高校	1 309	46.09%
	理工类高校	1 531	53.90%
学校地域	东部地区	963	33.91%
	中部地区	943	33.20%
	西部地区	934	32.89%
生源地	城市	1 701	59.90%
	农村	1 139	40.12%

4.1.2 变量说明

全部有效样本中,性别变量:男生 1 550 人,女生 1 290 人。

院校层次变量:985 高校、211 高校和普通高校调查数均为 7 所,985 高校 926 人,211 高校 949 人,普通高校 965 人(见表 4-3)。

表 4-3 调查样本的学校分布

类别	学校	人数
985 高校	北京理工大学、哈尔滨工业大学、西安交通大学、华东理工大学、中山大学、重庆大学、武汉大学	926 人
211 高校	北京交通大学、华北电力大学、南开大学、东北大学、暨南大学、四川大学、华中农业大学	949 人
普通高校	华北理工大学、沈阳化工大学、北京建筑大学、延安大学、湖南科技大学、燕山大学、成都理工大学	965 人

院校类别变量:综合类高校 10 所,理工类高校 11 所;综合类高校 1 309 人,理工类高校 1 531 人。

地区变量:根据研究需要,将全国 7 大地区的调查样本重新分类成三大地区,即东部地区、中部地区和西部地区。东部地区 963 人,中部地区 943 人,西部地区 934 人。

生源地变量:城市生源 1 701 人,农村生源 1 139 人。

自我效能感水平变量:自我效能感是心理学概念,由于以往研究文献表明自我效能感在大学生就业能力评价中具有重要作用,因此本研究中拟以自我效能感为变量探讨其对工科大学生就业能力的影响。根据工科大学生在自我效能感评价量表中的得分情况,本研究将样本群体分为高自我效能感群体、中自我效能感群体和低自我效能感群体三种水平。其中,高自我效能感人群为 924 人,中自我效能感人群为 1 063 人,低自我效能感人群为 853 人。

4.2 整体就业能力评价结果

4.2.1 整体就业能力发展特点

运用 Spss22.0 对被调查工科大学生的问卷统计结果展开分析,考察其总体就业能力水平。根据问卷的描述性统计分析结果，新常态下工科大学生的就业能力平均得分为3.57，因此从整体上看，被调查工科大学生的就业能力处于中等水平。

另外，从工科大学生就业能力得分分布情况看，得分在3.8分左右的工科大学生最多，其次是得分在3.4~3.7分的工科大学生，最高得分为5.00分，最低得分为1.52分。由此可以看出，大部分工科大学生的就业能力评价处在中等偏上水平（见图4-1）。

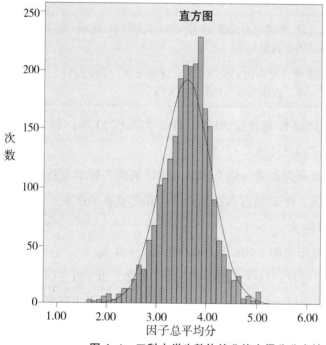

图4-1 工科大学生整体就业能力得分分布情况

将在校工科大学生的自我管理能力、工程知识技能、创新能力、社会适应能力、通用知识技能、决策与执行力6个因子计算平均分数，得到如图4-2所示的雷达图。

第4章 经济新常态下工科大学生的就业能力评价

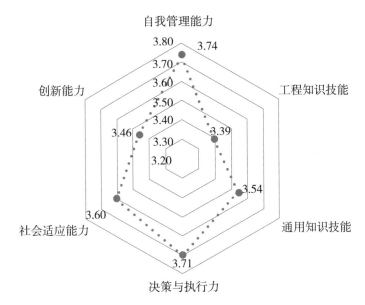

图 4-2 工科大学生整体就业能力评价结果

统计分析结果显示，工科大学生就业能力6个维度的平均得分为3.57分。工科大学生自我管理能力和决策与执行力两个维度得分比较相近，且分数较高；社会适应能力得分紧随其后；而通用知识技能和创新能力得分相对较低，且分数较为接近；工程知识技能得分最低。据此可以初步说明工科大学生的软就业能力相对较强，硬就业能力相对较为薄弱。

根据图4-2的结果，对工科大学生就业能力6个维度进行内部排序为：自我管理能力＞决策与执行力＞社会适应能力＞通用知识技能＞创新能力＞工程知识技能。可见，工科大学生的自我管理能力和决策与执行力得分较高，工程知识技能维度和创新能力维度的得分显著低于其他因子得分，这说明我国工科大学生在就业能力方面存在的主要问题有两个：一是工程知识技能的积累不足，二是缺乏一定的创新能力。

对每两个得分邻近维度进行配对平均数的差异检验结果显示，创新能力和工程知识技能、通用知识技能和社会适应能力之间均存在非常显著的差异（$P<0.000$），即所有6个就业能力维度间均存在显著差异。由此说明，经济新常态下工科大学生不同就业能力模块的发展相当不平衡。

4.2.2 整体就业能力差异分析

为了多角度、多层面探究经济新常态下工科大学生就业能力的状况，研究从性别、校际、群际、生源地、学校所在地区等不同方面对工科大学生的整体就业能力开展具体分析和差异比较。

1. 工科大学生整体就业能力的性别差异

从工科大学生就业能力的总平均分数来看，工科女大学生的得分要明显高于男大学生。运用独立样本 T 检验进行方差齐性检验，检验合格后对工科大学生的就业能力进行方差分析，结果显示：工科女大学生整体就业能力的得分显著高于工科男大学生的得分（$P<0.01$）（见表 4-4）。

表 4-4 工科大学生就业能力整体得分的性别差异

性别	N	平均数	显著性	标准误差
男	1550	3.54	0.009 **	0.022 74
女	1290	3.60		

* 表示 $P<0.05$，** 表示 $P<0.01$，*** 表示 $P<0.001$（下同）。

2. 工科大学生整体就业能力的校际差异

校际差异主要通过学校层次的差异和学校类别的差异来体现。

从学校层次来看，工科大学生就业能力总平均分数中，211 高校平均分数最高，普通高校位居第二，985 高校平均分数最低。运用独立样本 T 检验进行方差齐性检验，检验合格后对工科大学生就业能力进行方差分析，结果显示：211 高校和普通高校工科大学生就业能力的整体得分明显高于 985 高校（$P<0.001$），211 高校的得分虽然比普通高校略高，但二者之间并未表现出显著差异（见表 4-5）。

表 4-5 不同层次高校工科大学生就业能力整体得分差异

学校层次	N	平均数	对照	标准错误	显著性
985 高校	926	3.48	211 高校	0.030 01	0.000 ***
211 高校	949	3.63	普通高校	0.027 67	0.556
普通高校	965	3.59	985 高校	0.024 73	0.000 ***

从学校类别来看，综合类高校工科大学生就业能力的整体得分明显高于理工科高校。运用独立样本T检验进行方差齐性检验，检验合格后以学校类别为分组变量对工科大学生的就业能力进行方差分析，结果显示：综合类高校工科大学生的整体就业能力得分极其显著地高于理工类高校（$P<0.001$）（见表4-6）。

表4-6 不同类别高校工科大学生就业能力整体得分差异

学校类别	N	平均数	显著性	标准误差
理工类	1 309	3.52	0.000 ***	0.023 11
综合类	1 531	3.62		

3. 工科大学生整体就业能力的群际差异

工科大学生整体就业能力的群际差异主要体现在不同自我效能感水平上的差异。根据统计结果显示，不同群体类型的就业能力整体得分存在明显的不平衡，低自我效能感工科大学生群体的就业能力整体得分最低，高自我效能感群体得分最高。根据单因素方差分析的结果，高自我效能感群体的整体就业能力评价极其显著地优于中自我效能感群体和低自我效能感群体（$P<0.001$），中自我效能感群体的得分又非常显著高于低自我效能感群体的得分（$P<0.01$）（见表4-7）。

表4-7 不同自我效能感水平工科大学生就业能力整体得分差异

自我效能感水平	N	平均数	对照	标准错误	显著性
低自我效能感	924	3.43	中自我效能	0.040 36	0.009 **
中自我效能感	1 063	3.53	高自我效能	0.023 18	0.000 ***
高自我效能感	853	3.75	低自我效能	0.036 95	0.000 ***

4. 工科大学生整体就业能力的生源地差异

根据研究需要，将调查样本中工科大学生的生源地分为城市和农村两个类别。从就业能力整体得分来看，城市生源的工科大学生的就业能力整体得分高于农村生源，而方差分析结果显示，来自城市工科大学生的就业能力整体得分明显高于农村工科大学生（$P<0.05$）（见表4-8）。

表4-8　工科大学生就业能力整体得分生源地差异

生源地	N	平均数	显著性（双尾）	标准误差
城市	1 701	3.59	0.037*	0.021 61
农村	1 139	3.54		

5. 工科大学生整体就业能力的地区差异

从地区角度来看，东部地区工科大学生就业能力的整体分数最高，为3.64分，明显高于中部地区和西部地区。随后进行的单因素方差分析结果显示，东部地区工科大学生就业能力整体得分显著高于中部地区（$P<0.01$）和西部地区的分数（$P<0.001$），中部地区和西部地区之间的得分未表现出显著差异（见表4-9）。

表4-9　不同地区高校工科大学生就业能力整体得分差异

学校地区	N	平均数	对照	标准错误	显著性
东部地区	963	3.63	中部地区	0.025 41	0.037 *
中部地区	943	3.57	西部地区	0.030 26	0.663
西部地区	934	3.53	东部地区	0.029 08	0.000 ***

4.3　不同维度就业能力评价结果

4.3.1　不同维度就业能力发展特点

1. 自我管理能力的发展特点

数据统计结果显示，自我管理能力对工科大学生就业能力的影响最大，这一能力维度的自我评价得分也最高，为3.74分；工科大学生自我管理能力各题项得分从高到低的排序为：情绪的自我管理＞认知的自我管理＞行为的自我管理＞时间的自我管理＞学习的自我管理，如图4-3所示。可以看出，工科大学生在情绪管理和认知的自我管理方面能力较强，较之其他，时间管理和学习的自我管理能力有待进一步提高。

对每两个得分邻近题项进行配对平均数的差异检验结果显示，认知的自我管理和情绪的自我管理，情绪的自我管理和行为的自我管理，时间的自我管理和学习的自我管理之间不存在显著差异，其他题项间均存在显著差异（$P<0.05$）。由此可见工科大学生自我管理能力各指标之间的发展是不平衡的。学习的自我管理这一项得分明显低于其他能力指标的得分，表明被调查工科大学生在自我管理方面普遍存在的问题是工作和学习的自觉性不高（见图4-3）。

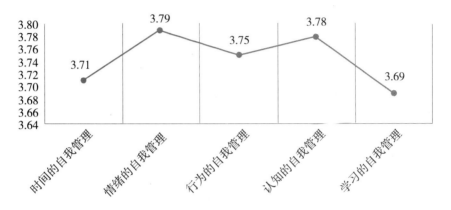

图4-3　工科大学生自我管理能力得分分布

进一步对工科大学生的自我管理能力进行方差分析，在性别、校际、群际和地区间存在显著差异，在生源地上未表现出显著差异。具体地说，女工科大学生的自我管理能力得分明显高于男工科大学生（$P=0.005$，<0.01）；211高校和普通高校工科大学生的自我管理能力得分明显高于985高校（$P=0.000$，<0.001）；综合类高校工科大学生的自我管理能力明显高于理工类高校（$P=0.043$，<0.05）；低自我效能感工科大学生的自我管理能力得分极其显著低于中自我效能感和高自我效能感工科大学生（$P=0.000$，<0.001）；不同学校地区间在自我管理能力得分上不存在显著差异。

2. 工程知识技能的发展特点

工程知识技能的方差贡献率在因子分析中位居第二，说明工程知识技能对于工科大学生就业能力来说是很关键的，但这一能力维度的自我评价得分却排在最后一位，仅为3.39分，足以说明我国工科大学生的工程知识技能状况不容乐观。数据统计结果显示，工科大学生工程知识技能各题项得分从高到低的排序为：工程专业知识＞工程与科学常识＞工程思维素质＞工程技术实践经验＞工匠精神。从得分排序可以看出，虽然工科大学生工程知识技能得分总体较低，但不同能力维度之间发展并不平衡。

对每两个得分邻近题项进行配对平均数的差异检验，结果显示，工程技术实践经验和工匠精神之间在得分上无显著差异，工程专业知识和工程与科学常识之间存在显著差异（$P<0.05$）；其他题项之间全部存在极其显著差异（$P<0.001$）。可见，工科大学生的工程知识技能不但总体上处于薄弱环节，各指标之间的发展更是相当的不平衡。在工程知识技能维度中，工程技术实践经验这一项非常重要，但得分较低。作为经济新常态非常需要的工程技术实践经验和工匠精神两个维度，得分均非常低，而工程技术实践经验在工程知识技能维度中却最为重要，这说明工科大学生的工程技术实践经验和工匠精神均需要得到较大幅度的提升（见图4-4）。

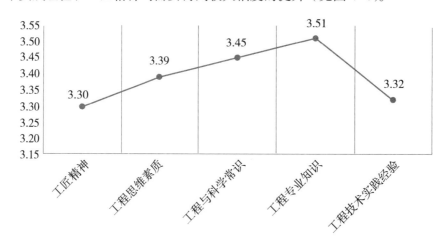

图4-4　工科大学生工程知识技能得分分布

对工科大学生的工程知识技能进行方差分析，结果显示其在性别、校际、群际以及地区间表现出显著差异，在生源地上无显著差异。具体地说，女工科大学生工程知识技能得分明显高于男工科大学生（$P=0.049$，<0.05）；211

高校和普通高校工科大学生工程知识技能的得分极其显著优于985高校（$P=0.000$，<0.001）；综合类高校工科大学生工程知识技能得分极其显著高于理工类高校（$P=0.000$，<0.001）；高自我效能感群体的工程知识技能评价极其显著优于中自我效能感和低自我效能感群体（$P=0.000$，<0.001）；东部地区得分极其显著高于西部地区（$P=0.000$，<0.001），中部地区得分显著高于西部地区（$P=0.031$，<0.05），东部地区与中部地区间无显著差异。

3. 创新能力的发展特点

创新能力是实现创新驱动的关键，也是经济新常态下衡量工科大学生就业能力的重要标志。但数据统计结果显示，创新能力维度的自我评价得分相当低，排在倒数第二位，仅为3.46分。对数据进行统计后显示，工科大学生创新能力前4个题项的得分比较均衡，得分从高到低排序为：问题解决能力＞跨界思维能力＞资源整合能力＝发明创造能力。在创新能力这一维度中，与传统就业能力研究的关注点不同的是，本研究基于对经济新常态下"互联网+"和供给侧改革以及分享经济模式的考量，增加了资源整合能力和跨界思维能力两个题项。跨界思维能力是经济新常态下工科大学生创新能力的前提，但这一项的得分明显较低，同时跨界能力的得分明显低于问题解决能力。至于资源整合能力和发明创造能力，得分是所有题项中最低的。这说明工科大学生不仅创新能力得分总体较低，且与经济新常态发展要求相符合的能力维度十分堪忧（见图4-5）。

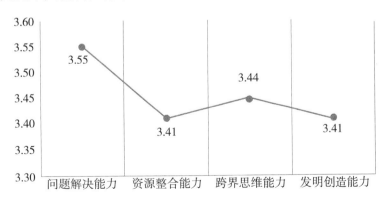

图4-5　工科大学生创新能力得分分布

对每两个得分邻近题项进行配对平均数的差异检验，结果显示，除问题解决能力与其他各项均存在极其显著差异外（$P<0.001$），其他题项之间无显著差异。由此可见，工科大学生创新能力各项指标的发展都不容乐观，为满足经济新常态下产业结构升级和调整的需要，需要从欠缺的能力维度入手，着重弥补能力短板。

经过方差分析，工科大学生的创新能力在校际、群际以及地区间呈现出明显的差异，在性别和生源地上无显著差异。具体地说，211高校工科大学生的创新能力自我评价极其显著优于985高校（$P=0.000$，<0.001），显著优于普通高校（$P=0.019$，<0.05），普通高校工科大学生的创新能力得分非常显著优于985高校（$P=0.009$，<0.01）；综合类高校工科大学生创新能力得分明显高于理工类高校得分（$P=0.024$，<0.05）；高自我效能感群体的创新能力评价极其显著优于中自我效能感和低自我效能感群体（$P=0.000$，<0.001），且中自我效能感群体的创新能力评价显著优于低自我效能感群体（$P=0.037$，<0.05）；东部地区工科大学生的创新能力得分明显高于中部地区和西部地区（$P=0.006$，<0.01；$P=0.000$，<0.001），而中部地区得分极其显著高于西部地区（$P=0.000$，<0.001）。

4. 通用知识技能的发展特点

通用知识技能是构成新常态下工科大学生就业能力的第四个因子，这一就业能力维度的自我评价得分排在第五位，得分为3.54，超过了工科大学生就业能力的平均分数。对数据进行统计分析，工科大学生通用知识技能的内部排序为：电脑操作能力 > 英语运用能力 > 信息技术能力 > 人文社科知识。

对每两个得分邻近题项进行配对平均数的差异检验，结果显示，电脑操作能力与英语运用能力之间、信息技术能力与人文社科知识之间不存在显著差异，其他各项之间均存在极其显著差异（$P<0.001$）。由此说明，工科大学生通用知识技能各指标的发展非常不均衡（见图4-6）。

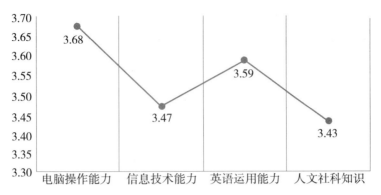

图 4-6 工科大学生通用知识技能得分分布

经过方差分析，工科大学生的通用知识技能在性别、校际以及地区间表现出显著差异，在生源地上无显著差异。具体地说，女工科大学生通用知识技能得分非常显著高于男工科大学生（$P=0.009$，<0.01）；211 高校和普通高校工科大学生的通用知识技能评价极其显著优于 985 高校（$P=0.000$，<0.001），且 211 高校工科大学生的通用知识技能评价显著优于普通高校工科大学生（$P=0.017$，<0.05）；综合类高校工科大学生通用知识技能得分显著高于理工类高校（$P=0.039$，<0.05）；高自我效能感群体的通用知识技能评价极其显著优于中自我效能感和低自我效能感群体（$P=0.000$，<0.001），且中自我效能感群体的通用知识技能评价非常显著优于低自我效能感群体（$P=0.003$，<0.01）；不同地区间通用知识技能评价得分不具有显著差异。

5. 社会适应能力的发展特点

社会适应能力是新常态下工科大学生就业能力评价模型的第五个因子，这一维度的自我评价得分相对较高，为 3.60 分，排在第三位，但和决策与执行力得分差异较大。通过对数据的统计分析发现，工科大学生社会适应能力得分的内部排序为：沟通交往能力 > 团队合作能力 > 终身学习能力 > 分享思维能力。可以看出，工科大学生的沟通交往能力和团队合作能力比较强，经济新常态需要的终身学习能力和分享思维能力相对弱一些，这说明需要在这两项能力上加强培养。

对每两个得分邻近题项进行配对平均数的差异检验，结果显示，终身学习能力与分享思维能力之间不存在显著差异，其他各项指标之间均存在极其显著差异（$P<0.001$）。由此说明，工科大学生社会适应能力各指标间的发展相当的不平衡，尤其是引领经济新常态发展的延展性就业能力比较匮乏（见图4-7）。

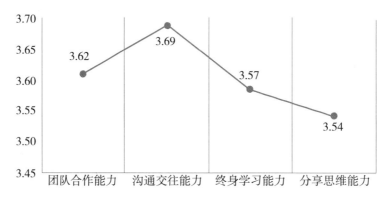

图 4-7　工科大学生社会适应能力得分分布

方差分析显示，工科大学生的社会适应能力在性别、校际、群际、生源地以及地区间均表现出显著差异。具体地说，女工科大学生社会适应能力得分显著高于男工科大学生（$P=0.035$，<0.05）；综合类高校工科大学生社会适应能力得分极其显著高于理工类高校（$P=0.000$，<0.01）；高自我效能感群体的社会适应能力评价极其显著优于中自我效能感和低自我效能感群体（$P=0.000$，<0.001）；城市生源工科大学生的社会适应能力得分明显高于农村生源（$P=0.045$，<0.05）；东部地区社会适应能力得分明显高于中部和西部地区（$P=0.002$，<0.01；$P=0.000$，<0.001），中部地区得分显著高于西部地区（$P=0.035$，<0.05）。

6. 决策与执行力的发展特点

决策与执行力是构成新常态下工科大学生就业能力的最后一个因子，但在所有就业能力维度自我评价得分中排名第二，平均分数为3.71分，仅低于自我管理能力得分。经过对数据的统计分析显示，工科大学生决策与执行力得分从高到低的内部排序为：任务实施能力＞任务实现能力＞识别判断能力>方案决策能力。其中,任务实施能力和任务实现能力代表执行力,后两项代表决策能力。根据各题项的得分可以明显看出,工科大学生执行能力得分明显高于决策能力。且任务实施能力和任务实现能力与其他两项得分有较大差异,识别判断能力和方案决策能力的得分相近且较低,这说明相对于决策能力来说,工科大学生的执行力更强。

对每两个得分邻近题项进行配对平均数的差异检验,结果显示,任务实施能力与任务实现能力之间无显著差异,二者与识别判断能力和方案决策能力间存在极其显著差异（$P<0.001$）。这可以说明,工科大学生决策与执行力的总体发展比较好,但是决策能力与执行力的发展并不平衡,基于对经济新常态下工科大学生就业能力素质的考虑以及对工科大学生在未来职业中从事项目特点的预判,本研究认为应加强对工科大学生方案决策能力的培养（见图 4-8）。

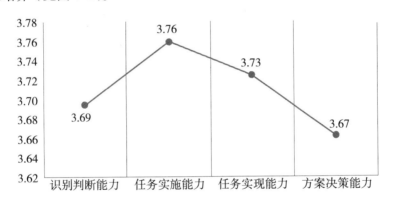

图 4-8 工科大学生决策与执行力得分分布

方差分析显示,工科大学生的决策与执行力在校际、群际以及地区间均表现出显著差异,在性别和生源地间无显著差异。具体地说,211 高校和普通高校工科大学生决策与执行力的自我评价极其显著优于 985 高校（$P=0.000$, <0.001）；综合类高校工科大学生决策与执行力显著高于理工类高校（$P=0.020$, <0.05）；高自我效能感群体的决策与执行力评价显著优于中自我效能感和低自我效能感群体（$P=0.000$, <0.001）,且中自我效能感群体决策与执行力评价亦显著优于低自我效能感群体（$P=0.020$,

<0.05）；东部地区的决策与执行力得分极其显著高于西部地区（$P=0.000$，<0.001），中部地区和西部地区之间不存在显著差异。

4.3.2 不同维度就业能力差异分析

根据研究需要，对工科大学生就业能力各维度的差异比较主要基于以下五个层面（见表4-10）。

表4-10 工科大学生就业能力各维度均值分布及差异

	自我管理能力	工程知识技能	创新能力	通用知识技能	社会适应能力	决策与执行力
男	3.72	3.37	3.44	3.52	3.56	3.68
女	3.76	3.41	3.47	3.56	3.64**	3.74*
985高校	3.65	3.36**	3.33***	3.45***	3.48***	3.67*
211高校	3.83***	3.38	3.55***	3.63	3.70	3.72
普通高校	3.74***	3.42	3.50***	3.54**	3.62**	3.75
理工类	3.69	3.32	3.43	3.49	3.57	3.64
综合类	3.79***	3.46***	3.49*	3.59***	3.63*	3.78***
低自我效能感	3.58	3.34***	3.28	3.37***	3.43***	3.59
中自我效能感	3.71***	3.31***	3.42***	3.50***	3.58***	3.65*
高自我效能感	3.94***	3.52	3.67***	3.73	3.80	3.88***
城市	3.75	3.42*	3.48	3.55	3.62	3.75*
农村	3.72	3.36	3.43	3.52	3.58***	3.67
东部地区	3.77	3.44	3.58*	3.57	3.68	3.78*
中部地区	3.74	3.40*	3.49***	3.54	3.59*	3.70
西部地区	3.72	3.34***	3.31***	3.52	3.53***	3.66***

1. 性别差异

从工科大学生6个就业能力维度的得分来看，工科女大学生在所有维度上的得分均高于男大学生。值得注意的是，从就业能力6个维度得分的内部排序来看，工科男大学生与工科女大学生之间保持着惊人的一致，6个就业能力维度的得分排序从高到低为：自我管理能力＞决策与执行力＞社会适应能力＞通用知识技能＞创新能力＞工程知识技能。

以性别为因子对就业能力的6个一级维度进行方差分析，结果显示，工科男大学生和工科女大学生在社会适应能力维度的得分差异十分显著

（$P=0.002$，<0.01），工科女大学生的得分明显高于工科男大学生的得分；工科男大学生和工科女大学生的决策与执行力得分差异显著（$P=0.044$，$P<0.05$），表现为工科男大学生这项就业能力得分显著低于工科女大学生。

2. 校际差异

工科大学生就业能力的校际差异主要从学校层次和学校类别两个方面体现。

从学校层次角度对工科大学生就业能力6个一级维度进行比较可以发现，在工程知识技能和决策与执行力方面普通高校得分最高；在自我管理能力、通用知识技能、创新能力以及决策与执行力方面211高校得分最高；985高校在各就业能力维度上得分均最低。具体到工科大学生就业能力6个维度的内部排序，211高校和普通高校的排序完全一致，分数从高到低依次为决策与执行力＞自我管理能力＞社会适应能力＞通用知识技能＞创新能力＞工程知识技能；985高校的排序为决策与执行力＞社会适应能力＞自我管理能力＞通用知识技能＞工程知识技能＞创新能力。

从学校类别角度对工科大学生就业能力6个一级维度进行比较可以发现，在所有6个就业能力维度上，综合类高校的平均分数都高于理工类高校。具体到工科大学生就业能力6个维度的内部排序，综合类高校和理工类高校的排序完全一致，均为自我管理能力＞决策与执行力＞社会适应能力＞通用知识技能＞创新能力＞工程知识技能。

进一步以学校层次为因子对工科大学生就业能力6个一级维度进行方差分析发现，985高校、211高校和普通高校群组间在自我管理能力、工程知识技能、创新能力、通用知识技能、社会适应能力、决策与执行力6个就业能力维度上存在不同程度的显著差异。具体表现为：211高校和普通高校工科大学生的自我管理能力、社会适应能力和创新能力得分均明显优于985高校（$P=0.000$，<0.001）；211高校工科大学生的通用知识技能和社会适应能力明显优于普通高校（$P=0.006$，$P=0.008$，<0.01），决策与执行力得分明显高于985高校（$P=0.042$，<0.05）；普通高校工科大学生的决策与执行力得分明显高于985高校（$P=0.000$，<0.001）；普通高校工

程知识技能得分显著高于985高校（$P=0.045$，<0.05）；通用知识技能维度得分非常显著高于985高校（$P=0.007$，<0.01）。

进一步以学校类别为因子对工科大学生就业能力的6个一级维度进行方差分析，结果表明，除创新能力和社会适应能力两项得分上综合类高校显著高于理工类高校（$P=0.039$，$P=0.020$，<0.05），在自我管理能力、工程知识技能、通用知识技能以及决策与执行力上，综合类高校得分均极其显著高于理工类高校（$P=0.000$，<0.001）。

3. 群际差异

通过对工科大学生就业能力6个一级维度的平均分数进行比较可以发现，在所有就业能力维度上，高自我效能感群体的得分均为最高，中自我效能感群体除了在工程知识技能上的得分比低自我效能感群体低之外，其他5项就业能力维度的得分均比低自我效能感群体要高。具体到工科大学生就业能力6个维度的内部排序，高自我效能感群体和中自我效能感群体的排序完全一致，分数从高到低依次为决策与执行力＞社会适应能力＞自我管理能力＞通用知识技能＞创新能力＞工程知识技能；低自我效能感群体的排序与前两者略有差异，最后两项排序为工程知识技能和创新能力。

进一步以群体类型为因子对工科大学生就业能力的6个一级维度进行方差分析发现，高自我效能感群体在所有6个就业能力维度上的得分均极其显著高于中自我效能感群体和低自我效能感群体（$P=0.000$，<0.001）；同时，在自我管理能力、创新能力、通用知识技能和社会适应能力四个维度的得分上，中自我效能感群体的得分均极其显著高于低自我效能感群体（$P=0.000$，<0.001），在决策与执行力得分上，中自我效能感群体显著高于低自我效能感群体（$P=0.030$，<0.05）。

4. 生源地差异

根据研究需要，将调查样本中工科大学生的生源地分为城市和农村两大类，对各一级维度的得分进行比较可以发现，城市工科大学生就业能力各维度得分均高于农村工科大学生。具体到工科大学生就业能力6个维度的内部排序，城市和农村工科大学生的排序完全一致，分数从高到低依次

为自我管理能力 > 决策与执行力 > 社会适应能力 > 通用知识技能 > 创新能力 > 工程知识技能。

对就业能力6个一级维度进行方差分析,结果显示,仅在决策与执行力维度这一项上,城市工科大学生的得分显著高于农村工科大学生($P=0.046$,<0.05),在其他5项就业能力维度上,二者之间无显著差异。

5. 学校地区差异

通过对工科大学生就业能力6个一级维度的平均分数进行比较可以发现,东部地区在所有就业能力维度上的得分都高于中部和西部地区。具体到工科大学生就业能力6个维度的内部排序,三个地区的排序仅存在微小差异。东部地区的得分排序从高到低依次为:自我管理能力 > 决策与执行力 > 社会适应能力 > 创新能力 > 通用知识技能 > 工程知识技能;中部地区和西部地区的排序一致,分数从高到低依次为:自我管理能力 > 决策与执行力 > 社会适应能力 > 通用知识技能 > 创新能力 > 工程知识技能。

对6个一级维度进行方差分析,结果显示:在工程知识技能、创新能力、社会适应能力以及决策与执行力四项维度得分上,东部地区均极其显著高于西部地区($P=0.000$,<0.001);创新能力、社会适应能力,以及决策与执行力三个能力维度上,东部地区得分显著高于中部地区($P=0.039$,$P=0.043$,$P=0.049$,<0.05);工程知识技能和社会适应能力得分上,中部地区显著高于西部地区($P=0.032$,$P=0.041$,<0.05);创新能力得分上,中部地区极其显著高于西部地区($P=0.000$,<0.001)。

4.4 不同类型就业能力评价结果

4.4.1 不同类型就业能力发展特点

为了进一步考察就业能力的新常态特点,依据第3章对基本就业能力和延展性就业能力的划分,对这两种就业能力的评价结果进行具体分析。

1. 基本就业能力的发展特点

数据统计结果显示,从基本就业能力的平均得分来看,为3.61分,明显高于整体就业能力的平均得分 3.47 分（见图 4-9）。

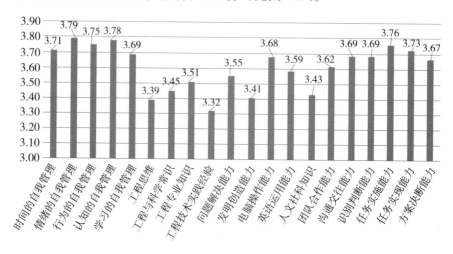

图 4-9　工科大学生基本就业能力得分分布

从各基本就业能力得分的分布情况来看，呈现出如下特点：情绪的自我管理得分最高，为 3.79 分，其次为认知的自我管理，排在第三位的是任务的实施能力；得分排在后三位的基本就业能力分别是工程技术实践经验、工程思维和发明创造能力；同时，作为工科大学生职业发展基础的工程专业知识、人文社科知识、问题解决能力和英语运用能力的得分普遍不高。

从图 4-9 中的数据可以发现，得分集中于 3.67~3.69 分的就业能力维度较多，分别是学习的自我管理、电脑操作能力、沟通交往能力、识别判断能力和方案决断能力。

2. 延展性就业能力的发展特点

从一定程度上看，延展性就业能力是对新常态下工科大学生就业能力的特殊要求，即区别于基本就业能力的要求。根据数据分析结果，新常态下工科大学生延展性就业能力的平均得分为 3.45 分，与基本就业能力平均得分的 3.61 分差距较大。

延展性就业能力维度的得分排序为：终身学习能力 > 分享思维能力 > 信息技术能力 > 跨界思维 > 资源整合能力 > 工匠精神。可见，终身学习能力得分相对略高，得分最低的为工匠精神，体现创新能力的资源整合能力、发明创造能力和跨界思维得分也较低。这在一定程度上说明工科大学生对于终身学习比较认可，也具备了一定的终身学习能力，这为应对经济新常态和未来职业发展提供了与时俱进的可能；另外也可以看出供给侧结构性改革非常需要的工匠精神较为缺失；且代表工科大学生创新能力的主要指标均发展水平一般，这些能力的培养需要受到高校更多的重视，以适应新常态发展的需要（见图 4-10）。

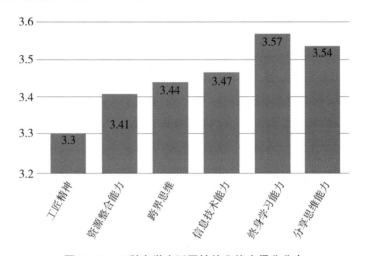

图 4-10　工科大学生延展性就业能力得分分布

4.4.2 不同类型就业能力差异分析

1. 性别差异

从工科大学生 20 个基本就业能力的得分来看，除了在工程技术实践经验和工程思维两个就业能力上，男工科大学生的就业能力得分高于女工科大学生之外，女工科大学生在其他维度上的得分均高于男大学生。以性别为因子对基本就业能力的 20 个维度进行方差分析，结果显示，男工科大学生和女工科大学生在工程与科学常识、工程专业知识、英语运用能力、团队合作能力、沟通交往能力和任务实施能力得分差异十分显著（$P<0.01$），女工科大学生的得分明显高于男工科大学生的得分；其他基本就业能力上，女工科大学生与男工科大学生之间并无显著差异（见图 4-11）。

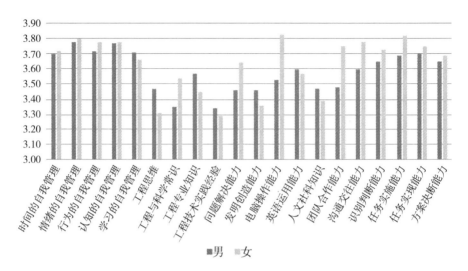

图 4-11 工科大学生基本就业能力得分的性别分布及差异

从工科大学生6个延展性就业能力的得分来看,在工匠精神、跨界思维、信息技术能力和分享思维能力四个维度上,男工科大学生得分要高于女工科大学生;而在资源整合能力和终身学习能力两个维度上,女工科大学生得分要高于男工科大学生。进一步以性别为因子对延展性就业能力的6个维度进行方差分析,结果显示,男工科大学生和女工科大学生仅在终身学习能力上得分差异十分显著($P=0.003$,<0.01),其他延展性就业能力上并没有显著差异(见表4-11)。

表 4-11 工科大学生延展性就业能力得分的性别分布及差异

性别	工匠精神	资源整合能力	跨界思维	信息技术能力	终身学习能力	分享思维能力
男生	3.31	3.40	3.45	3.49	3.52	3.56
女生	3.28	3.42	3.43	3.45	3.62**	3.52

2. 校际差异

工科大学生就业能力的校际差异主要从学校层次和学校类别两个方面体现。

(1)基于学校层次的差异。从学校层次角度对工科大学生基本就业能力的20个维度进行比较可以发现:在工程专业知识、问题解决能力、发明创造能力、任务实施能力、任务实现能力和方案决断能力方面,普通高校得分最高;在时间的自我管理、情绪的自我管理、行为的自我管理、学习的自我管理、电脑操作能力、英语运用能力、人文社科知识、团队合作能力和沟通交往能力方面，211高校得分最高；985高校在大部分基本就业能力维度上得分均为最低。进一步以学校层次为因子对工科大学生基本就业能力维度进行方差分析发现，在时间的自我管理、情绪的自我管理、行为的自我管理、认知的自我管理、学习的自我管理、任务实施能力和任务实现能力上，普通高校得分十分显著高于985高校（$P<0.01$）；其他基本就业能力上，211高校工科大学生得分显著高于985高校和普通高校得分（$P<0.05$）（见图4-12）。

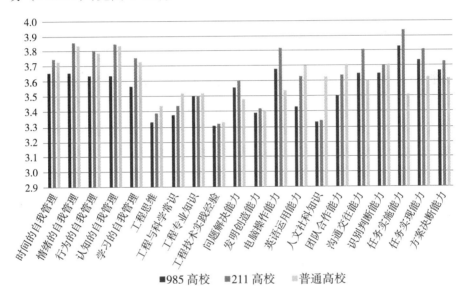

图4-12 工科大学生基本就业能力得分的学校层次分布及差异

从学校层次角度对工科大学生6个延展性就业能力维度进行比较可以发现：211高校在资源整合能力、跨界思维、信息技术能力、终身学习能力，以及分享思维能力方面得分高于985高校和普通高校；普通高校工匠精神上的得分高于985高校和211高校。以学校层次为因子对工科大学生延展性就业能力的6个维度进行方差分析发现，普通高校工匠精神得分显著高于985高校得分（$P=0.021$，<0.05），分享思维能力得分十分显著高于985高校（$P=0.007$，<0.01），资源整合能力、跨界思维能力和终身学习能力得分极其显著高于985高校（$P=0.000$，<0.001）；211高校在资源整合能力、跨界思维能力、信息技术能力、终身学习能力和分享思维能力上得分极其显著高于

985 高校（P=0.000，<0.001）；且跨界思维能力、信息技术能力和终身学习能力三项得分显著高于普通高校（P=0.042，P=0.033，P=0.025，<0.05）（见表4-12）。

表4-12 工科大学生延展性就业能力得分的校际分布及差异

学校层次	工匠精神	资源整合能力	跨界思维	信息技术能力	终身学习能力	分享思维能力
985高校	3.27	3.30	3.30	3.41	3.43	3.47
211高校	3.29	3.48***	3.55***	3.54***	3.68***	3.58***
普通高校	3.33*	3.46***	3.48***	3.45	3.61***	3.56**
理工类高校	3.33	3.38	3.43	3.46	3.52	3.55
综合类高校	3.27	3.44	3.45	3.48	3.61*	3.52

（2）基于学校类别的差异。从学校类别角度对工科大学生基本就业能力的20个维度进行比较可以发现：所有基本就业能力维度上，综合类高校的得分均高于理工类高校的得分。进一步以学校类别为因子对工科大学生基本就业能力的20个维度进行方差分析发现，在所有20个基本就业能力维度上，综合类高校的得分均十分显著高于理工类高校得分（P<0.01）（见图4-13）。

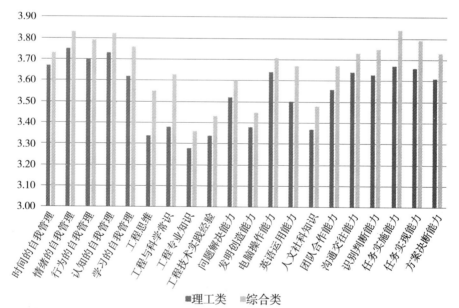

图4-13 工科大学生延展性就业能力得分的学校类别分布及差异

从学校类别角度对工科大学生延展性就业能力的 6 个维度进行比较可以发现：除了工匠精神和分享思维能力，综合类高校在其他各项延展性能力得分均全部高于理工类高校的得分。进一步以学校类别为因子对工科大学生延展性就业能力 6 个维度进行方差分析发现，仅在终身学习能力一项上，综合类高校得分显著高于理工类高校（$P=0.049$，<0.05），其他几项延展性就业能力得分上，二者之间均不存在显著差异（见表 4-12）。

3. 群际差异

对工科大学生基本就业能力的 20 个一级维度的平均分数进行比较可以发现，在所有基本就业能力维度上，高自我效能感群体的得分均为最高，中自我效能感群体在工程与科学常识、工程实践能力，以及工程思维能力上的得分低于高自我效能感群体和低自我效能感群体。进一步以群体类型为因子对工科大学生基本就业能力的 20 个维度进行方差分析发现，在所有 20 个基本就业能力维度上，高自我效能感群体得分均极其显著高于中自我效能感和低自我效能感群体得分（$P<0.001$）；在除工程与科学常识、工程专业知识、工程技术知识、工程思维、识别判断能力、任务实现能力和方案决断能力几项能力之外，中自我效能感群体在其他基本就业能力维度上的得分均显著高于低自我效能感群体（见图 4-14）。

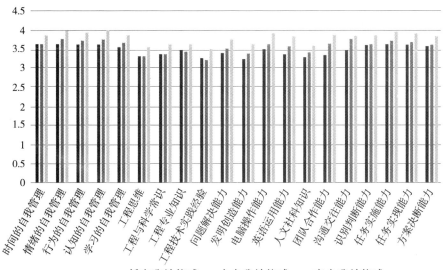

图 4-14　工科大学生基本就业能力得分的群际分布及差异

对工科大学生延展性就业能力6个一级维度的平均分数进行比较可以发现，高自我效能感群体得分最高。以群体类型为因子进行方差分析发现，高自我效能感群体在所有6个维度上得分均极其显著高于中自我效能感和低自我效能感群体的得分（$P<0.001$）；中自我效能感群体的跨界思维能力、资源整合能力和分享思维能力得分明显高于低自我效能感群体（$P<0.001$），信息技术能力得分显著高于低自我效能感群体（$P<0.05$），在终身学习能力上，低自我效能感群体的得分极其显著高于中自我效能感群体（$P<0.001$）（见表4-13）。

表4-13　工科大学生延展性就业能力得分的群际分布及差异

群体类型	工匠精神	资源整合能力	跨界思维	信息技术能力	终身学习能力	分享思维能力
低自我效能感	3.25	3.25	3.25	3.35	3.62***	3.33
中自我效能感	3.22	3.35**	3.42***	3.42*	3.50	3.47***
高自我效能感	3.42***	3.64***	3.66***	3.66***	3.70***	3.81***

4. 生源地差异

对20项基本就业能力得分进行比较可以发现，农村生源工科大学生除了在工程与科学常识、工程专业知识得分高于城市生源工科大学生，其他18项基本就业能力的得分均低于城市工科大学生得分。以生源地为因子进行方差分析发现，城市生源工科大学生在时间的自我管理、情绪的自我管理、行为的自我管理、工程技术实践经验、工程思维、识别判断能力、任务实现能力和方案决断能力上的得分明显高于农村生源工科大学生得分（$P<0.01$）（见图4-15）。

对6个延展性就业能力进行比较可以发现，城市生源工科大学生得分均高于农村生源。以生源地为因子进行方差分析显示，城市工科大学生除在跨界思维能力得分上显著高于农村生源工科大学生外（$P<0.005$），其他几项延展性就业能力得分与农村生源大学生间均无显著差异（见表4-14）。

表4-14　工科大学生延展性就业能力得分的生源地分布及差异

地区	工匠精神	资源整合能力	跨界思维	信息技术能力	终身学习能力	分享思维能力
城市	3.28	3.44	3.48*	3.50	3.60	3.56
农村	3.31	3.38	3.40	3.45	3.61	3.51

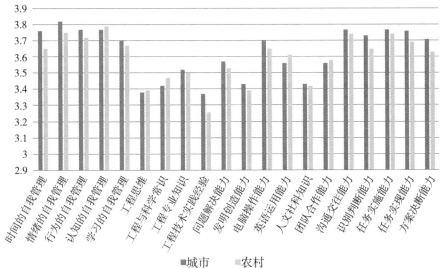

图 4-15　工科大学生基本就业能力得分的生源地分布及差异

5. 学校地区差异

对工科大学生各项基本就业能力的得分进行比较可以发现，东部地区全部 20 个基本就业能力维度得分均为最高，中部地区得分其次，西部地区得分最低。以学校地区为因子进行方差分析发现，在各项基本就业能力得分上，东部地区除了在认知的自我管理能力、工程技术实践经验、工程思维、问题解决能力、英语运用能力、沟通交往能力，以及方案决断能力上的得分十分显著高于中部和西部地区之外（$P<0.01$），在其他基本就业能力维度得分上，东部地区均十分显著高于西部地区（$P<0.01$），东部地区与中部地区之间无显著差异（见图 4-16）。

对 6 项延展性就业能力的得分进行比较可以发现，在全部延展性就业能力上，东部地区得分均为最高；除了工匠精神一项的得分中，中部地区低于西部地区外，中部地区在其他 5 项延展性就业能力得分上要高于西部地区。

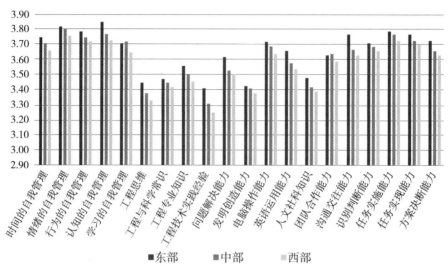

图 4-16 工科大学生基本就业能力得分的学校地区分布及差异

以学校地区为因子进行方差分析发现,6 个延展性就业能力的得分上,东部地区资源整合能力、跨界思维能力、终身学习能力和分享思维能力得分极其显著高于西部地区($P=0.000$,<0.0001);在资源整合能力、跨界思维能力和分享思维能力得分上,东部地区显著高于中部地区($P=0.031$,<0.05);在终身学习能力和分享思维能力得分上,中部地区显著高于西部地区($P=0.044$,<0.05)(见表 4-15)。

表 4-15 工科大学生延展性就业能力得分的地区分布及差异

地区	工匠精神	资源整合能力	跨界思维	信息技术能力	终身学习能力	分享思维能力
东部地区	3.32	3.48***	3.52***	3.52*	3.67***	3.62***
中部地区	3.28	3.40	3.43	3.47	3.62*	3.54*
西部地区	3.31	3.36	3.38	3.46	3.55	3.47

4.5 本章小结

本章通过发放问卷对全国 7 个地区 21 所高校共计 3 000 名工科四年级毕业生的就业能力展开实证分析,主要包括四个方面内容。

(1)新常态下工科大学生就业能力整体自我评价一般。工科大学生就业能力6个维度的平均得分为3.57分,6个就业能力维度内部排序为:自我管理能力>决策与执行力>社会适应能力>通用知识技能>创新能力>工程知识技能。女生整体就业能力得分明显高于男生;211高校和普通高校工科大学生就业能力整体得分明显高于985高校;综合类高校工科大学生整体就业能力得分明显高于理工类高校;高自我效能感和中自我效能感群体整体就业能力评价明显优于低自我效能感群体,高自我效能感群体明显优于中自我效能感群体。

(2)新常态下工科大学生6个就业能力维度在性别、校际、群际、生源地、学校地域之间存在显著差异。具体表现为女工科大学生自我管理能力、社会适应能力、决策与执行力的得分明显高于男工科大学生;211高校和普通高校工科大学生的自我管理能力、社会适应能力和创新能力得分明显优于985高校;211高校工科大学生的通用知识技能和社会适应能力明显优于普通高校;普通高校工科大学生的工程知识技能和通用知识技能得分极其显著高于985高校;所有就业能力维度上,综合类高校均明显高于理工类高校。

(3)新常态下工科大学生的基本就业能力在性别、校际、群际、生源地、学校地域之间存在显著差异。女工科大学生在工程与科学常识等6个能力上的得分明显高于男工科大学生;普通高校工科大学生在时间的自我管理等7个能力上的得分明显高于985高校;在大部分基本就业能力上,211高校的得分显著高于985高校和普通高校;在所有的20个基本就业能力上,综合类高校的得分均明显高于理工类高校,高自我效能感群体的得分均明显高于中自我效能感和低自我效能感群体的得分;在除工程与科学常识等7项能力外,中自我效能感群体的得分均明显高于低自我效能感群体;城市生源工科大学生在时间的自我管理等8项能力上的得分明显高于农村生源工科大学生;东部地区除了在认知的自我管理能力7项能力上的得分明显高于中部和西部地区,其他基本就业能力的得分均明显高于西部地区。

(4)新常态下工科大学生的延展性就业能力在性别、校际、群际、生源地、学校地域之间存在显著差异。女工科大学生仅在终身学习能力上得分高于男工科大学生；普通高校工科大学生除信息技术能力之外的其他5项得分均不同程度地高于985高校；211高校除工匠精神之外的其他5项得分明显高于985高校，且跨界思维能力等3项能力得分明显高于普通高校；综合类高校终身学习能力得分明显高于理工类高校；高自我效能感群体所有6个延展性能力得分均明显高于中自我效能感群体和低自我效能感群体；中自我效能感群体的跨界思维能力等4项能力得分不同程度高于低自我效能感群体，低自我效能感群体终身学习能力得分明显高于中自我效能感群体；城市生源的工科大学生跨界思维能力得分明显高于农村生源的工科大学生；东部地区资源整合能力等4项延展性能力得分不同程度地高于西部地区，东部地区资源整合能力等3项能力得分的明显高于中部地区，中部地区终身学习能力和分享思维能力的得分明显高于西部地区。

第5章 经济新常态下工科大学生就业能力影响因素分析

经济新常态下工科大学生的就业能力受到多种因素的综合作用，只有厘清这些因素的具体作用，才能为工科大学生的就业能力培育和提升路径选择提供依据。基于高等教育影响论，本研究认为工科大学生就业能力受高校教育活动及学生自我参与的综合作用和影响。

新常态下工科大学生的就业能力特点将受到高校教育活动和学生自我参与的共同作用，同时，根据已有文献研究结果，学生的自我效能感水平在学生对高校教育活动的参与中起到了一定的中介作用。因此，为了考察高校教育活动、学生自我参与以及自我效能感水平对工科大学生就业能力的交互影响，探究出关键影响因素及其作用机理。本章将在前一章对工科大学生开展的就业能力实证评价的基础上，以高校教育活动和学生自我参与为自变量，对新常态下工科大学生就业能力的影响因素及作用机理进行方差分析和回归分析。同时，本章还通过建立结构方程验证自我效能感对工科大学生就业能力的中介效应，为最后一章提出新常态下工科大学生就业能力发展路径和对策选择提供依据。

5.1 就业能力影响因素的理论解析

回溯以往关于就业能力影响因素的相关文献可以发现，大学生就业能力的形成既有个人先天原因，也是教育的结果。从人力资本投资的角度看，工科大学生投资高等教育的目的是积累人力资本存量，提升人力资本价值，进而增强在未来就业市场上的竞争力；从高校提供高等教育服务的角度看，高校通过开展高质量的教育活动,并结合学生的自我参与,使工科大学生形成适应经济新常态发展的就业能力,并在未来的就业竞争中具有优势。

基于经济新常态的特点,结合对已毕业优秀工科大学生和雇主单位的访谈,本研究将工科大学生就业能力的形成机制理解为高校教育活动和学生个体参与共同作用的过程。高校开展的关键性教育活动在直接影响工科大学生就业能力的同时,通过促进工科大学生对就业的准备性参与,如实践参与、社交参与和学业参与等,间接影响工科大学生就业能力的形成。

5.1.1 高校教育活动

Harvey(2001)认为个体就业能力与高校教育联系密切[①]。另有学者认为,大学生就业能力是大学生接受高等教育过程中作为高等教育活动领域的重要主体参与高等教育实践的产物或结果,大学生就业能力的高低直接体现着高等教育机构教育活动的结果与质量[②]。

就业能力能使毕业生获得持久就业和职业生涯保障。实际上,就业能力的获得就是通过学习的过程,促进学生获得知识,提高技能,感受工作学习经历,提高就业能力。因此,高等教育活动通过培养大学生的就业能力实现其毕业后成功就业[③]。欧洲各国政府甚至通过共同发表《索邦联合宣言》(Sorbonne Declaration)和《波隆那宣言》(Bologna Declaration),将学生"就业能力"作为高等教育改革的主要目标[④]。而从人力资本的角度来看,就业能力的获得是高校通过提供高等教育服务来增强大学生人力资本存量的过程。正如舒尔茨所说,人力资本主要是通过投资教育来形成,个人受到较高质量的教育有助于提高他的认知和非认知能力,这使得他具

---

① Harvey L W.. Enhancing Employability, Recognising Diversity: Making Links between Higher Education and the World of Work [DB/OL]. http://www.Universities UK. ac.uk/employability.
② 闫震普. 高等教育质量与大学生就业能力关系探究[J]. 太原大学教育学院学报, 2015(3): 1.
③ 同①。
④ Garcia-Arcil, Ader Velden. Competencies for young European higher education graduates: labor market mismatches and their payoff [J]. High Education, 2008, 55(10): 219-239.

有更高的劳动生产率[①]。因此，高校的教育活动在提高大学生就业能力方面起到非常关键的作用。

关于高校教育活动对工科大学生就业能力的影响，有研究者指出，大学应该将可就业能力培养嵌入到课程教学环节中，通过课程模块及教学过程设计来提升学生的专业能力和通用能力[②]。有的学者强调课程中引入"经验性实践""案例教学""问题导向学习"等创新型教学方法，也是培养学生可就业能力极为有效的途径[③]。另还有研究者发现，院校课程在直接影响可就业能力的同时[④][⑤]，还通过课外经历对学生可就业能力的形成起到间接影响作用[⑥]。另外，相关研究表明，创新创业教育可以培养大学生的创业意识和创新精神，是有效提升毕业生就业竞争力的重要途径[⑦]。创新教育和创业教育的有效开展是提升高校毕业生高质量就业的关键[⑧]，创新创业教育的目的是通过高校的专业教育和系统培训，培养大学生的创新精神和创业意识，提高创新能力和就业能力[⑨]。

根据对上述研究成果的梳理和整合，本研究将从课程设置、课堂教学、教师指导和就业支持等角度探讨高校教育活动对工科大学生就业能力的影响。

在此基础上，通过对高校就业指导中心老师、雇主和部分已毕业优秀工科大学生的访谈结果加以整理，并结合对已有相关文献资料的归纳和梳

---

① Yorke M, Knight P. Self-theories: Some Implications for Teaching and Learning in Higher Education [J]. Studies in Higher Education, 2004 (1).

② Schultz T W. Investment in Human Capital [J]. American Economic Review, 1961 (51).

③ Fallows S, Steven C. Building Employability Skills Into the Higher Education Curriculum: a University-wide Initiative [J]. Education & Training, 2000 (2): 75-83.

④ 陈勇. 大学生就业能力及其开发路径研究 [D]. 杭州: 浙江大学, 2012.

⑤ 张璇. 大学生一般就业能力及影响因素研究 [D]. 武汉: 湖北大学, 2012.

⑥ 秦梦群, 庄清宝. 大专求学经历与就业力关系 [Z]. 教育资料与研究, 2010.

⑦ 李长熙, 等. 工科院校大学生创新创业教育平台构建与实践 [J]. 黑龙江高教研究, 2014, 04: 97-99.

⑧ 周曼, 等. 创新创业教育与大学生高质量就业——基于江西五所高校调研数据的实证分析 [J]. 教育学术月刊, 2015, 09: 89-95.

⑨ 张鹤. 高校创新创业教育研究: 机制、路径、模式 [J]. 国家教育行政学院学报, 2014, 10: 28-32.

理，本研究对工科大学生就业能力的影响因素做如下初步界定：

在课程设置方面，主要考察课程设置的基础性、系统性、实践性、综合性、国际性和前沿性对工科大学生就业能力的作用机制；在课堂教学方面，主要考察教学内容、教学理念、教学方法、教学手段和教学组织形式对工科大学生就业能力的影响；在教师指导方面，主要考察课业指导、学术指导、实习指导、实践指导和创业指导对工科大学生就业能力的作用机理；在就业支持方面，主要考察职业规划课程、就业技巧培训、就业服务平台和就业心理指导对工科大学生就业能力的影响路径。

5.1.2 学生自我参与

Ronald 等（2005）认为就业能力的具体内容很广，一般可以从个体因素、个人情况和外部因素等方面进行分析[1]。Fugate（2003）从适应能力的角度去分析就业能力，认为是个人因素在有效地适应环境，就业能力是以人为中心的一种综合能力和素质[2]。由此可以看出以往学者对于就业能力个人影响因素的重视程度。已有研究表明，大学期间的学业行为、社团活动、社会实践和工作实习等对大学生就业能力的形成具有正向促进作用。另外，通过专家访谈得知，大学生就业能力的影响因素不仅包括院校组织特征、培养模式，同时与学生课内外校园参与经历密切相关。

同时，以往研究中已有大量研究发现学生个体或家庭特征（性别、家庭社会和经济背景以及生源地）对大学生就业能力的形成和发展具有明显的影响效果[3][4][5]。一些研究者综合借鉴前人的研究成果，提出了专业技术

---

[1] Ronald W, et al. The concept of employ ability [J].Urbanstudies, 2005, 42（2）: 197-219.

[2] M Fugate.Employability: The Construct, Its Dimensions, and Applications [C].Academy of Management Annual Meeting Proceedings, 2003（1）: J1-J6.

[3] 张丽华, 刘晟楠.大学生就业能力结构及发展特点的实验研究[J].航海教育研究, 2005（01）: 52-55.

[4] 葛晶.大学毕业生就业能力与企业需求之比较分析[D].上海：华东师范大学, 2009.

[5] 陈洪余.大学生就业能力模型的初步构建[D].西安：陕西师范大学, 2011.

[6] 彭树宏.大学生就业能力结构及其影响因素的实证研究[J].教育学术月刊, 2014（06）: 61-65.

技能、专业实践能力和专业创新能力等大学生就业能力的9项影响因素[①]。

还有研究者从客观因素和主观因素角度去探讨大学生就业能力的影响因素,认为客观因素包括社会需求、劳动力市场、就业政策和学校教育等因素,主观因素包括学生的综合素质、专业技能与知识结构和择业观念等[②]。

根据对已往相关研究成果和结论的整理,结合经济新常态下新的学习模式的出现,本研究拟选取学生的学业参与、科研参与和实践参与三大因素探讨学生自我参与对工科大学生就业能力的影响。

从学业参与的角度看,本研究主要考察线下学习、在线学习、O2O学习和移动端学习方式对工科大学生就业能力的作用机制;从科研参与的角度看,主要考察参与教师项目、参与同学项目、自己主持项目、参与企业项目对工科大学生就业能力的影响;从实践参与角度看,本研究主要从基础实践训练、专业实习实践、社会实践活动、创新创业实践和学校社团活动几个方面考察教师指导对工科大学生就业能力的作用机理。

5.1.3 自我效能感

关于自我效能感对就业能力的影响,以往研究中有所涉猎。Bandura指出自我效能感高的人会倾向于选择有挑战性的任务,而且会确立较高的目标。已有相关研究也验证了这一点,相关分析发现,自我效能感对理工科大学生的就业能力具有显著的预测作用,相关系数为0.256[③];通过研究发现人际信任、自尊、自我效能感、情绪稳定性与大学生成功就业呈现正相关[④],Fugate通过研究认为就业能力会受到自我效能方面的影响[⑤],

---

① 季俊杰.高职学生就业能力的影响因素及其权重[J].职业技术教育,2012(31):34-38.
② 杨青云.论高职生就业能力影响因素[J].山东商业职业技术学院学报,2009(9):53-54.
③ 马永霞,梁金辉.理工科大学生就业能力评价研究[J].教育研究,2016(9):40-49.
④ 王运敏,魏改然.人际信任、自尊、自我效能感对大学生就业的影响[J].河北师范大学学报(教育科学版),2012,10:86-89.
⑤ Fugate M, Kinicki A, Ashforth B. E. Employability: A psycho-social construct, its dimensions, and applications[J]. Journal of Vocational behavior, 2004, 65(1):14-38.

Lorraine Dacre Pool 和 Pamela Qualter 通过研究认为情感自我效能感对毕业生就业能力具有显著预测作用[①]。

自我效能感除了对大学生的就业能力具有直接影响，还对大学生的就业能力具有中介作用。以往研究中关于自我效能感中介作用的探讨不乏可陈，在就业和创业方面，已有研究发现，自我效能感在职业价值观与就业能力的关系中起部分中介作用[②]；创业自我效能感在创业意向与人格关系中起部分中介作用。在工作绩效方面，研究发现，自我效能感在包容型领导风格与团队绩效之间起中介作用[③]，自我效能感在辱虐管理对任务绩效的影响中起部分中介作用，在辱虐管理对周边绩效的影响中起完全中介作用[④]。

基于此，本研究在探究高校教育活动和学生参与对工科大学生就业能力影响的过程中，验证自我效能感的中介作用是有意义的。

5.2 就业能力影响因素的现实验证

5.2.1 基于不同群体的话语统计

由于新常态下工科大学生就业能力影响因素的提取对于解释工科大学生就业能力结果以及提升工科大学生就业能力具有重要价值，因此本部分仍从文献分析、雇主单位认知和高校教师认知三个角度析取工科大学生就业能力的关键影响因素，并通过对影响因素进行词频编码和统计分析，概括出新常态下工科大学生就业能力的关键影响要素，为下一步的因子分析奠定基础。

[①] L D Pool，P Qualter.Improving emotional intelligence and emotional self-efficacy through a teaching intervention or university students [J].Learning&Individual Differences，2012，22（3）：306-312.

[②] 陈静，李卫东.大学生职业价值观、自我效能感和就业能力的关系研究[J].高教探索，2011，05：106-110.

[③] 孙杨，张向葵.大学生创业意向与人格关系中创业自我效能感作用的路径模型[J].心理与行为研究，2014，06：806-812+818.

[④] 方阳春.包容型领导风格对团队绩效的影响——基于员工自我效能感的中介作用[J].科研管理，2014，05：152-160.

第5章 经济新常态下工科大学生就业能力影响因素分析

1. 基于研究者认知的话语统计

本研究利用CNKI和EBSCO、WEB OF SCIENCE、ProQuest和EI Compendex Web数据库,通过检索"工科""工程""就业"三个关键词在提取的文献中进一步手动筛选出符合本研究研究需要的文献,截至2016年7月共获得高校教育活动和学生自我参与方面影响因素的有效英文文献9篇,中文文献13篇。根据对相关文献中有关高校教育活动和学生自我参与因素的词频进行编码和分析,这些影响因素方面的词汇共出现112次(见表5-1)。

表5-1 基于研究者的工科大学生就业能力影响因素词频分析

要素		代码	频次	比例
课程设置（CI）	课程的系统性	CS	3	2.68%
	课程的全面性	CA	1	0.89%
	课程的国际性	CI	4	3.57%
	课程的前沿性	CF	3	2.68%
	课程的基础性	CB	5	4.46%
教师指导（TI）	课业指导	CG	3	2.68%
	生活指导	LG	2	1.79%
	学术指导	SG	4	3.57%
	实践指导	PG	5	4.46%
课堂教学（TC）	教学内容	TC	5	4.46%
	教学方法	TI	5	4.46%
	教学手段	TM	4	3.57%
	教学组织形式	TS	3	2.68%
就业支持（ES）	就业技巧培训	JS	2	1.79%
	职业规划课程	CP	2	1.79%
	就业服务平台	CS	1	0.89%
	就业心理指导	EP	2	1.79%
实践参与（PA）	专业实习实践	PP	6	5.36%
	社会实践活动	SP	6	5.36%
	创新创业实践	IC	7	6.25%
	基础实践训练	BP	4	3.57%
科研参与（RA）	参与教师项目	TA	5	4.46%
	参与企业项目	EA	5	4.46%
	主持科研项目	PR	3	2.68%
	参与同学项目	SA	2	1.79%

续表

要素		代码	频次	比例
学习参与 （LA）	O2O学习	OOL	5	4.46%
	线上学习	OL	6	5.36%
	移动端学习	ML	6	5.36%
	线下学习	OFL	3	2.68%
总计			112	100%

从表 5-1 可知，从分类上看，属于课程设置的词汇共出现 16 次；教师指导方面的词汇共出现 14 次；课堂教学方面的词汇共出现 17 次；就业支持方面的词汇共出现 7 次；实践参与方面的词汇共出现 23 次；科研参与方面的词汇共出现 15 次；学习参与方面的词汇共出现 20 次。

2. 基于雇主认知的话语统计

通过对访谈记录中关于新常态下工科大学生就业能力影响因素的整理和统计，提到就业能力影响要素的词汇共出现 78 次，其分布情况见表 5-2。

从表 5-2 可知，在要素维度上，关于课程设置的词汇共出现 10 次；教师指导的词汇共出现 7 次；课堂教学方面的词汇共出现 7 次；就业支持方面的词汇共出现 5 次；实践参与方面的词汇共出现 22 次；科研参与方面的词汇共出现 14 次；学习参与方面的词汇共出现 13 次。

表 5-2　基于专家认知的工科大学生就业能力影响因素词频分析

要素		代码	频次	比例
课程设置 （CI）	课程的系统性	CS	2	2.56%
	课程的全面性	CA	—	0.00%
	课程的国际性	CI	2	2.56%
	课程的前沿性	CF	2	2.56%
	课程的基础性	CB	4	5.13%
教师指导 （TI）	课业指导	CG	1	1.28%
	生活指导	LG	—	0.00%
	学术指导	SG	2	2.56%
	实践指导	PG	4	5.13%
课堂教学 （TC）	教学内容	TC	2	2.56%
	教学方法	TI	2	2.56%
	教学手段	TM	2	2.56%
	教学组织形式	TS	1	1.28%

续表

要素		代码	频次	比例
就业支持（ES）	就业技巧培训	JS	1	1.28%
	职业规划课程	CP	2	2.56%
	就业服务平台	CS	1	1.28%
	就业心理指导	EP	1	1.28%
实践参与（PA）	专业实习实践	PP	5	6.41%
	社会实践活动	SP	5	6.41%
	创新创业实践	IC	7	8.97%
	基础实践训练	BP	5	6.41%
科研参与（RA）	参与教师项目	TA	2	2.56%
	参与企业项目	EA	5	6.41%
	主持科研项目	PR	4	5.13%
	参与同学项目	SA	3	3.85%
学习参与（LA）	O2O学习	OOL	6	7.69%
	线上学习	OL	4	5.13%
	移动端学习	ML	3	3.85%
	线下学习	OFL	—	0.00%
总计			78	100%

注：—代表已有研究文献中未提及此项影响因素。

3. 基于高校教师认知的话语统计

通过对访谈记录中关于经济新常态下工科大学生就业能力影响因素的整理和统计，访谈中提到就业能力影响要素的词汇共出现126次（同一受访对象多次谈及同一词汇时仅按1次记录），其分布情况见表5-3。

表5-3　基于高校教师的工科大学生就业能力影响因素词频分析

要素		代码	频次	比例
课程设置（CI）	课程的系统性	CS	3	2.38%
	课程的全面性	CA	3	2.38%
	课程的国际性	CI	4	3.17%
	课程的前沿性	CF	2	1.59%
	课程的基础性	CB	3	2.38%
教师指导（TI）	课业指导	CG	2	1.59%
	生活指导	LG	1	0.79%
	学术指导	SG	3	2.38%
	实践指导	PG	4	3.17%

续表

要素		代码	频次	比例
课堂教学（TC）	教学内容	TC	3	2.38%
	教学方法	TI	3	2.38%
	教学手段	TM	3	2.38%
	教学组织形式	TS	4	3.17%
就业支持（ES）	就业技巧培训	JS	5	3.97%
	职业规划课程	CP	5	3.97%
	就业服务平台	CS	3	2.38%
	就业心理指导	EP	4	3.17%
实践参与（PA）	专业实习实践	PP	8	6.35%
	社会实践活动	SP	10	7.94%
	创新创业实践	IC	9	7.14%
	基础实践训练	BP	6	4.76%
科研参与(RA)	参与教师项目	TA	4	3.17%
	参与企业项目	EA	8	6.35%
	主持科研项目	PR	3	2.38%
	参与同学项目	SA	3	2.38%
学习参与(LA)	O2O学习	OOL	7	5.56%
	线上学习	OL	5	3.97%
	移动端学习	ML	4	3.17%
	线下学习	OFL	4	3.17%
总计			126	100.00%

从表5-3可知，在要素维度上，关于课程设置的词汇共出现10次；教师指导方面的词汇共出现7次；课堂教学方面的词汇共出现7次；就业技巧方面的词汇共出现16次；实践参与方面的词汇共出现22次；科研参与方面的词汇共出现14次；学习参与方面的词汇共出现13次。

4.就业能力影响因素与关注度分布

通过对研究者、企业管理者、已毕业优秀工科大学生和高校教师对经济新常态下工科大学生就业能力各构成要素及影响因素关注度的频次统计，可以清晰地归纳出三者共同关注的经济新常态下工科大学生就业能力核心构成要素及其影响因素。不同群体对新常态下工科大学生就业能力及其影响因素关注的百分比及合计，见表5-4，其变化趋势如图5-1所示。

第5章 经济新常态下工科大学生就业能力影响因素分析

表5-4 不同群体对工科大学生就业能力影响因素的关注度分布

要素		代码	研究者	企业	高校教师	总计
课程设置（CI）	课程的系统性	CS	2.68%	2.56%	2.38%	2.53%
	课程的全面性	CA	0.89%	0.00%	2.38%	1.27%
	课程的国际性	CI	3.57%	2.56%	3.17%	3.16%
	课程的前沿性	CF	2.68%	2.56%	1.59%	2.22%
	课程的基础性	CB	4.46%	5.13%	2.38%	3.80%
教师指导（TI）	课业指导	CG	2.68%	1.28%	1.59%	1.90%
	生活指导	LG	1.79%	0.00%	0.79%	0.95%
	学术指导	SG	3.57%	2.56%	2.38%	2.85%
	实践指导	PG	4.46%	5.13%	3.17%	4.11%
课堂教学（TC）	教学内容	TC	4.46%	2.56%	2.38%	3.16%
	教学方法	TI	4.46%	2.56%	2.38%	3.16%
	教学手段	TM	3.57%	2.56%	2.38%	2.85%
	教学组织形式	TS	2.68%	1.28%	3.17%	2.53%
就业支持（ES）	就业技巧培训	JS	1.79%	1.28%	3.97%	2.53%
	职业规划课程	CP	1.79%	2.56%	3.97%	2.85%
	就业服务平台	CS	0.89%	1.28%	2.38%	1.58%
	就业心理指导	EP	1.79%	1.28%	3.17%	2.22%
实践参与（PA）	专业实习实践	PP	5.36%	6.41%	6.35%	6.01%
	社会实践活动	SP	5.36%	6.41%	7.94%	6.65%
	创新创业实践	IC	6.25%	8.97%	7.14%	7.28%
	基础实践训练	BP	3.57%	6.41%	4.76%	4.75%
科研参与（RA）	参与教师项目	TA	4.46%	2.56%	3.17%	3.48%
	参与企业项目	EA	4.46%	6.41%	6.35%	5.70%
	主持科研项目	PR	2.68%	5.13%	2.38%	3.16%
	参与同学项目	SA	1.79%	3.85%	2.38%	2.53%
学习参与（LA）	O2O学习	OOL	4.46%	7.69%	5.56%	5.70%
	线上学习	OL	5.36%	5.13%	3.97%	4.75%
	移动端学习	ML	5.36%	3.85%	3.17%	4.11%
	线下学习	OFL	2.68%	0.00%	3.17%	2.22%
总计			100%	100%	100%	100%

从表5-4和图5-1可以看出：①关注度最高的是实践参与，其次是对科研参与的关注度，且三类群体的关注度比较均衡。②关注度较高的是学习参与、课程设置、教师指导和课堂教学，且三类群体关注度不均衡，研

究者比较关注课程设置和课堂教学。③关注度最低的是就业支持，且三类群体的关注度不均衡。高校教师的关注度较高，研究者和企业的关注度相对较低，进而导致整体关注度不高。

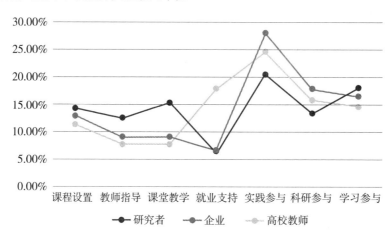

图5-1 经济新常态下工科大学生就业能力影响因素关注度分布（百分比）

5.2.2 基于因子分析的实证检验

1. 初测量表的设计与施测

依据上述提取的新常态下工科大学生就业能力影响因素，设计《经济新常态下工科大学生就业能力影响因素（初测）量表》。量表中包含33个就业能力要素，采用Likert Scale 5点量表进行计分，从"完全不符合"到"完全符合"分别记1到5分。

预测试问卷的调查对象及发放过程同《经济新常态下工科大学生就业能力评价（初测）量表》，共回收878份有效问卷，有效率为96.2%。

2. 因子提取与验证

运用主成分分析法对经济新常态下工科大学生就业能力影响因素的回收数据进行分析，抽取特征根大于1的因子，并对缺失值按列表排除个案，对成分矩阵进行最大方差旋转，并对就业能力初评结果进行因子分析，删除低负载（载荷小于0.4）和双负载（在两个因素上载荷之差小于0.2或同时大于0.4）的题项共计4个，最终提取出4个就业能力影响因素的公因子，共计包含29个题项,总体方差解释度为70.697%(见表5-5)。

表5-5 工科大学生就业能力影响因素因子

	1	2	3	4	5	6	7
课程的基础性	0.759						
课程的实践性	0.726						
课程的前沿性	0.708						
课程的国际性	0.683						
课程的系统性	0.655						
专业实习实践		0.853					
社会实践活动		0.849					
创新创业实践		0.827					
基础实践训练		0.811					
学术指导			0.842				
课业指导			0.813				
实践指导			0.798				
实习指导			0.731				
参与教师项目				0.836			
参与企业项目				0.821			
主持科研项目				0.774			
参与同学项目				0.726			
教学内容					0.827		
教学方法					0.801		
教学手段					0.788		
教学组织形式					0.733		
O2O学习						0.815	
在线学习						0.799	
移动端学习						0.781	
线下学习						0.745	
就业技巧培训							0.813
职业规划课程							0.796
就业心理指导							0.765
就业服务平台							0.728
各因子载荷量(%)	13.138	12.399	12.057	10.904	9.774	6.276	6.148
累积载荷量(%)	14.138	26.537	38.594	49.498	58.272	64.548	70.697

如同《经济新常态下工科大学生就业能力评价(初测)量表》,《经济新常态下工科大学生就业能力影响因素(初测)量表》也需要进行结构效度检验。经过运用Amos22.0进行分析,结果显示,《经济新常态下工科大学生就业能力影响因素(初测)量表》的CFI值大于0.9,其SRMR值小于0.05,说明量表的拟合程度也比较好(见表5-6)。

表5-6 测评问卷验证性因素分析拟合指数

问卷	X^2	df	X^2/df	NFI	CFI	RMSEA	SRMR
影响因素	792.48	381	2.08	0.909	0.904	0.046	0.041

3. 因子命名与解析

根据研究预设的就业能力影响因素一级维度,结合《经济新常态下工科大学生就业能力影响因素(初测)量表》因子分析的结果,将各因子命名如下。

根据每个因子所包含的项目内容进行命名并按因子载荷由高到低排序为:因子1—课程设置、因子2—实践参与、因子3—教师指导、因子4—科研参与、因子5—课堂教学、因子6—学习参与、因子7—就业支持。结合研究中对于高校教育活动和学生参与因素的划分,研究中进一步将课程设置、课堂教学、教师指导和就业支持归为院校教育活动,将实践参与、科研参与和学习参与归为学生自我参与。

由此,新常态下工科大学生的就业能力影响因素是一个包含2个一级维度,7个二级维度,29个三级维度的指标体系(见表5-7)。

表5-7 工科大学生就业能力影响因素

	因子	项目	载荷
高校教育活动	因子1:课程设置 解释度14.138%	课程的基础性	0.759
		课程的实践性	0.726
		课程的前沿性	0.708
		课程的国际性	0.683
		课程的系统性	0.655
	因子3:教师指导 解释度12.179%	学术指导	0.842
		课业指导	0.813
		实践指导	0.798
		实习指导	0.731

续表

	因子	项目	载荷
高校教育活动	因子5：课堂教学 解释度9.774%	教学内容	0.827
		教学方法	0.801
		教学手段	0.788
		教学组织形式	0.733
	因子7：就业支持 解释度6.148%	就业技巧培训	0.813
		职业规划课程	0.796
		就业心理指导	0.765
		就业服务平台	0.728
学生自我参与	因子2：实践参与 解释度12.399%	专业实习实践	0.853
		社会实践活动	0.849
		创新创业实践	0.827
		基础实践训练	0.811
	因子4：科研参与 解释度10.904%	参与教师项目	0.836
		参与企业项目	0.821
		主持科研项目	0.774
		参与同学项目	0.726
	因子6：学习参与 解释度9.774%	O2O学习	0.815
		在线学习	0.799
		移动端学习	0.781
		线下学习	0.745

5.3 高校教育活动影响的方差分析

5.3.1 课程设置的影响

本小节将工科大学生所学课程的基础性、系统性、实践性、国际化和前沿性作为主要因素来考察课程设置对就业能力的影响（见表5-8）。为了探讨每个因素对于工科大学生就业能力的影响是否显著并简化分析程序，将统计结果中的5点量表打分转换成3分类别，具体做法为：将"非常不满意"和"比较不满意"重新命名为"不满意"，用1表示；一般满意用2表示；将"比较满意"和"非常满意"重新命名为满意，用3表示（下文其他维度的转换同此）。

表 5-8 课程设置对工科大学生就业能力的影响

	基础性	系统性	实践性	国际性	前沿性
显著性	0.006**	0.345	0.000***	0.024*	0.014*

1. 课程的基础性对工科大学生就业能力的影响

根据统计分析结果，工科大学生对于课程基础性题项的打分越高，其就业能力得分也越高。经由方差分析可知，课程设置的基础性显著影响工科大学生的就业能力（P=0.006，<0.01）。各组别之间也存在着显著性差异，具体表现为：不满意组别与满意组别之间差异十分显著（P=0.008，<0.01）。这可以在一定程度上说明课程设置的基础性越强，工科大学生的就业能力打分越高。

2. 课程的实践性对工科大学生就业能力的影响

根据对数据的统计分析发现，课程的实践性打分越高，工科大学生的就业能力得分也越高。进一步的方差分析显示，课程设置的实践性对工科大学生的就业能力具有显著影响（P=0.000，<0.001），各组别之间也存在显著性差异。具体表现在：不满意组别与满意组别之间差异极其显著（P=0.000，<0.001），一般组别与满意组别间差异十分显著（P=0.03，<0.05）。这说明课程设置的实践性程度越强，工科大学生的就业能力打分就越高。

3. 课程的前沿性对工科大学生就业能力的影响

通过对数据的统计分析结果显示，课程的前沿性打分越高，工科大学生的就业能力得分越高。方差分析结果显示，课程设置的前沿性对工科大学生的就业能力具有显著影响（P=0.014，<0.05），各组别之间也存在明显差异。满意组别的得分显著高于不满意组别得分（P=0.012，<0.05）。这在一定程度上说明课程设置的前沿性越强，工科大学生的就业能力打分越高。

4. 课程的国际性对工科大学生就业能力的影响

通过对数据进行统计分析，可以发现课程的国际性打分越高，工科大学生的就业能力得分也越高。方差分析结果显示，课程设置的国际性对工科大学生的就业能力具有显著影响（P=0.024，<0.05），各组别之间也存在

显著性差异。满意组别的得分显著高于不满意组别（$P=0.031$，<0.05）。这说明课程设置的国际性程度越强，工科大学生的就业能力打分越高。

5.课程的系统性对工科大学生就业能力的影响

通过对数据的统计分析发现，课程的系统性打分越高，工科大学生的就业能力得分也越高。但通过方差分析进一步显示，课程设置的系统性程度对工科大学生的就业能力不具有显著影响，各组别之间亦不存在显著性差异。这在一定程度上说明课程设置的系统性与否并不会直接影响到工科大学生的就业能力。

5.3.2 教师指导的影响

本小节主要从教师对学生的学术指导、课业指导、实践指导和实习指导几个方面，来探究教师指导对工科大学生就业能力的影响（见表5-9）。

表5-9 教师指导对工科大学生就业能力的影响

	学术指导	课业指导	实践指导	实习指导
显著性	0.002**	0.007**	0.063	0.041*

1.学术指导对工科大学生就业能力的影响

通过对数据进行统计分析，结果显示，工科大学生对学术指导打分越高，其就业能力得分也越高。方差分析结果显示，学术指导对工科大学生就业能力具有显著影响（$P=0.002$，<0.01），各组别之间的差异也非常显著。不满意组别的得分明显低于一般和满意组别的得分（$P=0.032$，<0.05；$P=0.000$，<0.001）。这表明工科大学生对教师的学术指导程度越高，工科大学生的就业能力得分也越高。

2.课业指导对工科大学生就业能力的影响

通过对数据的统计分析发现，课业指导得分越高，工科大学生就业能力得分也越高。通过进一步方差分析显示，课业指导对工科大学生的就业能力同样具有显著影响（$P=0.007$，<0.01），各组别之间也存在明显差异。满意组别与不满意组别之间差异显著（$P=0.000$，<0.001）。这表明工科大学生对教师的课业指导越满意，其就业能力的得分越高。

3. 实践指导对工科大学生就业能力的影响

通过对数据进行统计分析发现，工科大学生对于实践指导的满意度打分越高，就业能力打分也越高。进一步的方差分析结果显示，实践指导对工科大学生的就业能力没有显著影响，各组别之间也不存在显著差异。这在一定程度上表明高校教师对工科大学生的实践指导与工科大学生就业能力的提升没有显著关系。另有数据统计发现，实习单位的实践指导对于工科大学生就业能力具有显著性影响，这也进一步验证了实习过程中能力的提升更多的来自企业的指导。

4. 实习指导对工科大学生就业能力的影响

对数据进行统计分析，结果发现，工科大学生对实习指导的打分越高，其就业能力得分越高。方差分析结果显示，教师的实习指导对工科大学生就业能力具有显著影响（$P=0.041$，<0.05），各组别之间也存在显著差异。满意组别的得分显著高于不满意组别的得分（$P=0.032$，<0.05）。这说明对实习指导服务满意的工科大学生其就业能力自我评价也随之提高。

5.3.3 课堂教学的影响

本小节主要从教学内容、教学方法、教学手段和教学组织形式几个方面，来考察高校课堂教学对工科大学生就业能力的影响（见表5-10）。

表5-10 课堂教学对工科大学生就业能力的影响

	教学内容	教学方法	教学手段	教学组织形式
显著性	0.000***	0.008**	0.069	0.028*

1. 教学内容对工科大学生就业能力的影响

通过对数据进行统计分析，结果显示，工科大学生对教学内容的打分越高，其就业能力得分也越高。且方差分析结果显示，教学内容对工科大学生就业能力具有显著影响（$P=0.000$，<0.001），同时各组别间差异显著。满意组别的得分显著高于不满意组别和一般满意组别的得分（$P=0.000$，<0.001；$P=0.009$，<0.01）。这表明对于教学内容越满意，工科大学生的就业能力评价越高。

2. 教学方法对工科大学生就业能力的影响

通过对数据的统计分析发现，工科大学生的就业能力得分随着对教学方法满意度的提升而提高。进一步的方差分析结果显示，教学方法对工科大学生就业能力同样具有显著影响（$P=0.008$，<0.01），各组别之间也存在明显差异。满意组别与不满意组别之间差异非常显著（$P=0.000$，<0.001）。这表明工科大学生对教学内容的满意度越高，其就业能力的评价也越高。

3. 教学手段对工科大学生就业能力的影响

通过对数据进行统计分析发现，工科大学生对于教学手段满意度打分越高，其就业能力打分也越高。但进一步进行方差分析的结果显示，教学手段对工科大学生就业能力不具有显著影响，各组别间也不存在显著差异。这表明工科大学生关于教学手段的满意程度对工科大学生就业能力评价无显著性影响。

4. 教学组织形式对工科大学生就业能力的影响

对数据的统计分析结果显示，工科大学生对教学组织形式的打分越高，其就业能力得分越高。方差分析结果显示，教学组织形式对工科大学生的就业能力具有显著影响（$P=0.028$，<0.05），各组别之间也存在明显差异。具体表现为：满意组别的得分显著高于不满意组别的得分（$P=0.015$，<0.05）。这说明，对教学组织形式越满意的工科大学生，其就业能力自我评价越高。

5.3.4 就业支持的影响

本小节将就业技巧培训、职业规划课程、就业心理指导和就业服务平台作为主要因素，来考察高校就业支持对工科大学生就业能力的影响（见表5-11）。

表5-11 就业支持对工科大学生就业能力的影响

	就业技巧培训	职业规划课程	就业心理指导	就业服务平台
显著性	0.000***	0.000***	0.037*	0.008**

1. 就业技巧培训对工科大学生就业能力的影响

通过对数据进行统计分析，结果显示，工科大学生对就业技巧培训打分越高，其就业能力得分也越高。且方差分析结果显示，就业技巧培训对工科大学生就业能力具有极其显著的影响（$P=0.000$，<0.001），各组别之间的差异也非常显著。满意组别的得分明显高于不满意组别的得分和一般满意组别的得分（$P=0.000$，<0.001）。这表明就业技巧培训对于工科大学生就业能力评价起到了明显的促进作用。

2. 职业规划课程对工科大学生就业能力的影响

通过对数据的统计分析发现，工科大学生的就业能力得分随着其对职业规划课程满意度的提升而提高。进一步的方差分析结果显示，如同就业技巧的培训，职业规划课程对工科大学生的就业能力同样具有极其显著的影响（$P=0.000$，<0.001），各组别之间也存在明显差异。满意组别和一般组别的得分与不满意组别之间差异显著（$P=0.000$，<0.001；$P=0.007$，<0.01）。这表明职业规划课程的开设在一定程度上促进了工科大学生就业能力的提升。

3. 就业心理指导对工科大学生就业能力的影响

对数据的统计分析结果显示，工科大学生对就业心理指导打分越高，其就业能力得分越低。方差分析结果显示，就业心理指导对工科大学生的就业能力具有负向的显著影响（$P=0.037$，<0.05），各组别之间也存在明显差异。具体表现为：满意组别的得分极其显著低于不满意组别的得分（$P=0.025$，<0.05）。这说明对就业心理指导服务满意的工科大学生其就业能力自我评价并不高。

4. 就业服务平台对工科大学生就业能力的影响

通过对数据进行统计分析发现，工科大学生对于就业服务平台的满意度打分越高，其就业能力打分也越高。进一步进行方差分析，结果显示就业服务平台对工科大学生的就业能力具有显著影响（$P=0.008$，<0.01），各组别之间也存在明显差异。满意组别的得分明显高于不满意组别得分

（$P=0.004$，<0.01）。这在一定程度上表明高校的就业服务平台建设对于工科大学生就业能力的提升具有一定帮助。

5.4 学生自我参与影响的方差分析

5.4.1 实践参与的影响

本小节将专业实习实践、创新创业实践、基础实践训练和社会实践活动作为主要因素，来考察工科大学生的实践参与对其就业能力的影响（见表5-12）。

表5-12 实践参与对工科大学生就业能力的影响

	专业实习实践	社会实践活动	创新创业实践	基础实践训练
显著性	0.000***	0.000***	0.000**	0.009***

1. 专业实习实践对工科大学生就业能力的影响

通过对数据进行统计分析，结果显示，工科大学生对专业实习实践打分越高，其就业能力得分也越高。且通过进一步的方差分析结果显示，专业实习实践对工科大学生的就业能力（$P=0.000$，<0.001）的影响尤为显著，各组别之间的差异也非常显著。不满意组别的得分明显低于一般满意和满意组别的得分（$P=0.000$，<0.001；$P=0.008$，<0.01）。这表明工科大学生对专业实习实践的满意度越高，其就业能力评价的得分越高。

2. 社会实践活动对工科大学生就业能力的影响

通过对数据统计分析发现，工科大学生对社会实践活动的满意度打分越高，其就业能力打分也越高。进一步的方差分析结果显示，社会实践活动对工科大学生就业能力具有显著的影响（$P=0.000$，<0.001），各组别间存在显著差异。满意组别的得分明显高于不满意组别的得分（$P=0.000$，<0.001）。这在一定程度上表明工科大学生参与社会实践活动的程度越高，其对于就业能力的评价也越高。

3. 创新创业实践对工科大学生就业能力的影响

通过对数据进行统计分析发现，工科大学生对于创新创业实践的满意度打分越高，其就业能力得分也越高。进一步进行方差分析，结果显示，创新创业实践对工科大学生的就业能力具有显著影响（$P=0.000$，<0.001），各组别之间也存在显著差异。满意组别的得分极其显著高于不满意组别和一般组别得分（$P=0.000$，<0.01）。这在一定程度上表明工科大学生对于参加的创新创业实践活动越是满意，其对于就业能力的自我评价就越高。

4. 基础实践训练对工科大学生就业能力的影响

对数据进行统计分析结果发现，工科大学生就业能力的得分随着其对基础实践训练满意度的提升而提高。进一步的方差分析结果显示，基础实践训练对工科大学生的就业能力具有显著影响（$P=0.009$，<0.01），不同组别之间也存在明显差异。满意组别和不满意组别之间差异极其显著（$P=0.000$，<0.001）。这表明工科大学生对自己参加基础实践训练越满意，其就业能力得分就越高。

5.4.2 科研参与的影响

本小节将参与教师项目、参与企业项目、主持科研项目和参与同学项目作为主要因素，探究工科大学生的科研参与对其就业能力的影响（见表5-13）。

表5-13 科研参与对工科大学生就业能力的影响

	参与教师项目	参与企业项目	主持科研项目	参与同学项目
显著性	0.000***	0.007**	0.003**	0.116

1. 参与教师项目对工科大学生就业能力的影响

数据统计分析结果显示，工科大学生参与教师项目上打分越高，其就业能力得分也越高。且方差分析结果显示，参与教师项目对工科大学生就业能力具有极其显著的影响（$P=0.000$，<0.001），各组别间差异也非常明显。满意组别的得分明显高于一般满意组别和不满意组别（$P=0.018$，<0.05；$P=0.000$，<0.001）。这表明工科大学生参与教师项目程度越高，其就业能力得分越高。

2. 参与企业项目对工科大学生就业能力的影响

通过对数据的统计分析发现，工科大学生参与企业项目得分越高，其就业能力得分越高。进一步的方差分析结果显示，参与企业项目对于工科大学生就业能力具有显著影响（$P=0.007$，<0.01），各组别之间也存在明显差异。满意组别与不满意组别之间差异十分显著（$P=0.002$，$P<0.01$）。这表明工科大学生对参与企业项目方式的满意度越高，其就业能力也越高。

3. 主持科研项目对工科大学生就业能力的影响

通过对数据进行统计分析发现，工科大学生对于主持科研项目的满意度打分越高，其就业能力打分也越高。进一步进行方差分析，结果显示，主持科研项目对工科大学生的就业能力影响显著（$P=0.003$，<0.01），各组别之间也存在显著差异。满意组别的得分明显高于不满意组别得分（$p=0.003$，<0.01）。这在一定程度上表明工科大学生主持科研项目越多，其就业能力的自我评价越高。

4. 参与同学项目对工科大学生就业能力的影响

通过对数据进行统计分析发现，工科大学生对于参与同学项目的满意度打分越高，其就业能力打分也越高。但进一步的方差分析结果显示，参与同学项目对工科大学生的就业能力影响并不显著。这表明工科大学生参与同学项目的程度对于其就业能力的提升并没有起到积极的作用。

5.4.3 学习参与的影响

本小节将O2O学习、移动端学习、线上学习和学习成绩作为主要因素，探究工科大学生的学习参与对其就业能力的影响（见表5-14）。

表5-14 学习参与对工科大学生就业能力的影响

	O2O学习	线上学习	移动端学习	学业成绩
显著性	0.000***	0.000***	0.000***	0.000***

1. O2O学习对工科大学生就业能力的影响

通过对数据进行统计分析显示，工科大学生对O2O学习打分越高，其就业能力得分也越高。且方差分析结果显示，O2O学习对工科大学生就业能力具有极其显著的影响（$P=0.000$，<0.001），各组别之间的差异也非常显著。不满意组别的得分明显低于满意组别和一般满意组别的得分（$P=0.000$，<0.001；$P=0.004$，<0.01）。这表明工科大学生参与O2O学习效

果越好,其对就业能力的自我评价越高。

2. 线上学习对工科大学生就业能力的影响

通过对数据的统计分析发现,工科大学生的就业能力得分随着其对线上学习满意度的提升而提高。进一步的方差分析结果显示,如同O2O学习、线上学习对工科大学生的就业能力同样具有极其显著的影响($P=0.000$,<0.001),各组别之间也存在明显差异。满意组别和一般组别的得分与不满意组别之间差异显著($P=0.000$,$P=0.007$)。这表明线上学习模式在一定程度上促进了工科大学生就业能力的提升。

3. 移动端学习对工科大学生就业能力的影响

通过对数据的统计分析发现,工科大学生的就业能力得分随着其对移动端学习满意度的提升而提高。进一步的方差分析结果显示,移动端学习对工科大学生的就业能力同样具有极其显著的影响($P=0.000$,<0.001),各组别之间也存在明显差异。满意组别和一般组别的得分与不满意组别之间差异显著($P=0.000$,$P=0.007$)。这表明移动端学习在一定程度上促进了工科大学生就业能力的提升。

4. 学业成绩对工科大学生就业能力的影响

通过对数据进行统计分析发现,工科大学生对于学业成绩的打分越高,其就业能力打分也越高。进一步进行方差分析,结果显示,工科大学生的学业成绩对其就业能力具有显著影响($P=0.000$,<0.001),这与以往研究的结果也相当一致。同时,各组别之间也存在显著差异。满意组别的得分显著高于一般组别和不满意组别得分($P=0.009$,<0.01;$P=0.000$,<0.001)。这在一定程度上表明高校工科大学生的学业成绩越高,其就业能力评价也越高。

5.5 就业能力影响因素的回归分析

5.5.1 研究假设

虽然通过方差分析可以说明性别、学校层次、学校类别、生源、学校地区等基本特征对工科大学生就业能力是否产生影响，但是本研究需要明确除了上述因素之外，高校教育活动和学生个人参与因素对工科大学生就业能力的具体影响程度如何。要确定这些因素对就业能力的具体影响，还需进一步验证。同时，通过对文献的回顾可知，学生自我参与和就业能力之间具有相关性，学生的自我参与对就业能力的提升具有积极影响；作为积极心理学重要研究范畴的自我效能感在就业能力和工作绩效方面均起到部分中介作用。由于以往研究并未同时关注学生自我参与、自我效能感对就业能力的影响，因此本研究试图对此加以验证。

基于此，本研究认为高校教育活动和个人参与因素共同对工科大学生的就业能力产生积极影响，且自我效能感在学生参与和工科大学生就业能力之间具有中介作用，具体模型如图 5-2 所示。从作用路径来看，主要包括三种：第一种是高校教育活动可以正向预测工科大学生的就业能力，即高校教育活动开展的越好，工科大学生的就业能力评价越高；第二种是学生自我参与可以显著预测工科大学生的就业能力，即学生在就业准备方面的个人参与度越强，其就业能力评价越高；第三种是自我效能感在个人参与因素与工科大学生就业能力之间发挥中介效应，即个人参与因素通过自我效能感发挥其对工科大学生就业能力的影响作用。

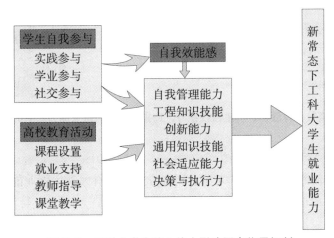

图 5-2　工科大学生就业能力影响因素作用机制

同时，本研究提出如下具体假设（见图 5-3）：

H1：高校教育活动对工科大学生就业能力具有正向影响。

H1a：课程设置对工科大学生就业能力具有正向影响。

H1b：就业支持对工科大学生就业能力具有正向影响。

H1c：教师指导对工科大学生就业能力具有正向影响。

H1d：课堂教学对工科大学生就业能力具有正向影响。

H2：学生自我参与对工科大学生就业能力具有正向影响。

H2a：实践参与对工科大学生就业能力具有正向影响。

H2b：科研参与对工科大学生就业能力具有正向影响。

H2c：学习参与对工科大学生就业能力具有正向影响。

H3：自我效能感对工科大学生就业能力具有正向影响。

H4：自我效能感在学生自我参与和就业能力之间具有中介效应。

H4a：自我效能感对实践参与和就业能力具有中介效应。

H4b：自我效能感对科研参与和就业能力具有中介效应。

H4c：自我效能感对学习参与和就业能力具有中介效应。

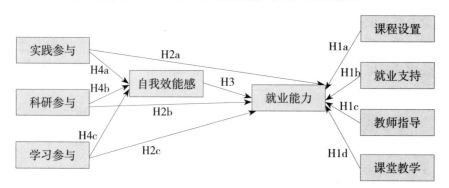

图 5-3 高校教育活动、学生自我参与、自我效能感对就业能力影响的研究假设

5.5.2 数据来源与变量定义

本部分问卷调查的样本来源、调查方式同工科大学生就业能力的调查，因此对于数据来源不再赘述。

关于变量的定义（见表5-15）：①解释变量：根据研究需要，将课程设置、教师指导、课堂教学、就业支持、实践参与、科研参与和学习参与引入自变量；②因变量：工科大学生就业能力；③控制变量：性别、学校层次、学校类别、生源、学校所在地区；④中介变量：自我效能感。

表5-15 变量定义及其描述

		类型	测量
自变量			
院校与个人基本特征	性别	分类变量	男生=1，女生=2
	学校层次	分类变量	985高校=1，211高校=2，普通高校=3
	学校类别	分类变量	理工科=1，综合类=2
	生源地	分类变量	城市=1，农村=2
	学校地区	分类变量	东部=1，中部=2，西部=3
	自我效能感	分类变量	低=1，中=2，高=3
高校教育活动	课程设置	定序变量	得分
	教师指导	定序变量	得分
	课堂教学	定序变量	得分
	就业支持	定序变量	得分
学生自我参与	实践参与	定序变量	得分
	科研参与	定序变量	得分
	学习参与	定序变量	得分
因变量			
工科大学生就业能力	工科大学生就业能力	定序变量	得分
	自我管理能力	定序变量	得分
	工程知识技能	定序变量	得分
	创新能力	定序变量	得分
	通用知识技能	定序变量	得分
	社会适应能力	定序变量	得分
	决策与执行力	定序变量	得分

5.5.3 整体就业能力影响因素回归模型的构建与结果分析

1. 回归模型的构建

通过散点图和相关分析可以发现多元线性（multiple linear）回归和最优尺度（optimal scaling）回归两种方法均适合本研究。为了确定最优选择，对两种方法的结果进行比较：在多元线性回归中对所有分类变量转换为虚拟变量进行分析；由于最优尺度回归是专门用于解决在统计建模时如何对分类变量进行量化的问题，分析时采用一定的非线性变换方法进行反复迭代，从而为原始分类变量的每一个类别找到最佳的量化评分，因此不需要进行数据转换[①]。最优尺度回归的模型要比多元回归更为简洁一些，因此本研究最终选择最优尺度回归来分析高校教育活动因素和学生个体因素对工科大学生就业能力的影响机制。在具体分析过程中，以工科大学生就业能力（因子得分）为因变量，在控制性别、学校层次、学校类别、生源、学校所在地区等基本特征的基础上，探究高校教育活动和学生自我参与对工科大学生就业能力的影响机理。

在对上述自变量与工科大学生整体就业能力进行相关分析和方差分析的基础上，建立如下回归模型：

$$Y=\sum \beta_i SC+\sum \beta_j EA+\sum \beta_k SP$$

该模型中，Y 代表因变量，即工科大学生就业能力得分；SC 代表院校特征及个体特征的总和，β_i 为回归系数；EA 代表高校教育活动各因素得分的总和，β_j 为回归系数；SP 代表各个学生参与因素的总和，β_k 为回归系数。

首先运用 Spss22.0 软件对所建的最优尺度回归模型进行估计，将上述所有因素引入回归方程中，然后剔除回归系数不显著的部分因素。经过回归统计，性别、生源地和学校所在地区三个因素对于就业能力的影响不显著，因此将其剔除。最终的回归分析结果显示，回归模型的整体显著性水平小于 0.01，说明模型在 99% 的置信水平上通过检验；所有自变量的容差均大于 0.920，说明不存在共线性问题（见表 5-16）。

表 5-16　工科大学生就业能力回归模型摘要

复相关系数 R	R^2	调整后 R^2	明显预测错误
0.712	0.445	0.391	0.725

根据表 5-16，工科大学生就业能力回归模型调整后的 R^2 为 0.391，说

---

① 张文彤.SPSS 统计分析高级教程［M］.北京：高等教育出版社，2004：131.

明纳入模型的 10 个因素可以解释工科大学生就业能力 39.1% 的变异。

2. 假设验证与回归模型的结果分析

从回归结果可以看出,工科大学生的整体就业能力并没有受到性别、生源以及学校所在地区的显著影响,在一定程度上受到学校层次和学校类别等院校特征的影响,同时也受到学生个体心理特征即自我效能感的明显影响。更重要的是,在控制了上述基本因素的前提下,工科大学生的就业能力受到高校教育活动和学生自我参与因素的显著影响。

从具体影响来看,高校的课程设置和教师指导对工科大学生的就业能力具有正向作用,且在 0.1% 水平上显著;就业支持和课堂教学对工科大学生的就业能力也具有正向作用,在 1% 水平上显著;工科大学生的科研参与和学习参与也对其就业能力产生正向影响,在 5% 水平上显著(见表 5-17)。

表 5-17 工科大学生整体就业能力影响因素的最优尺度回归结果

	B(系数)	标准误	P 值
学校层次	0.152	0.023	0.000***
学校类别	0.082	0.024	0.000***
自我效能感	0.201	0.024	0.000***
课程设置	0.227	0.022	0.000***
教师指导	0.168	0.026	0.000***
课堂教学	0.108	0.032	0.005**
就业支持	0.115	0.022	0.033*
实践参与	0.198	0.037	0.000***
科研参与	0.152	0.032	0.026*
学习参与	0.113	0.022	0.017*

值得注意的是,根据回归系数,课程设置对工科大学生就业能力的影响最大,其次是实践参与和教师指导影响,然后是科研参与,就业支持和学习参与影响较小,课堂教学对工科大学生就业能力的影响最小(见图 5-4)。

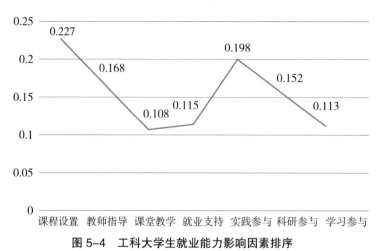

图 5-4　工科大学生就业能力影响因素排序

5.5.4　各维度就业能力影响因素回归模型的构建与结果分析

1. 回归模型的构建

以工科大学生就业能力各维度为因变量，同样对性别、学校层次、学校类别、生源、学校所在地区和自我效能感加以控制，在此基础上探究高校教育活动和学生学业参与对工科大学生就业能力的具体影响。

首先运用Spss22.0软件进行最优尺度回归，将所有变量引入回归方程，剔除性别和生源两个对工科大学生就业能力影响不显著的因素，最终形成的回归模型结果显示，回归模型的整体显著性水平小于0.01，说明模型在99%的置信水平上通过检验；所有自变量的容差均大于0.920，说明不存在共线问题（见表5-18）。

根据统计结果，6个就业能力维度回归模型调整后的R^2分别为：0.194、0.202、0.169、0.144、0.156和0.183。其中，工程知识技能维度回归模型的解释度最高，为20.2%，说明影响因素共同解释了工程知识技能20.2%的变异。其他就业能力维度回归模型的解释度从高到低依次排序为：自我管理能力、决策与执行力、创新能力、社会适应能力和通用知识技能。

表 5-18 工科大学生各维度就业能力影响因素的最优尺度回归

自变量		自我管理能力		工程知识技能		创新能力	
		β	P 值	β	P 值	β	P 值
	学校层次	0.187	0.005**	0.103	0.000***	0.151	0.000***
	高校类别	0.087	0.168	0.111	0.000***	0.095	0.004**
	自我效能感	0.196	0.000***	0.136	0.000***	0.229	0.000***
高校教育活动	课程设置	0.171	0.000***	0.275	0.000***	0.165	0.000***
	教师指导	0.198	0.000***	0.145	0.000***	0.178	0.037*
	课堂教学	0.038	0.059	0.083	0.014*	−0.603	0.023*
	就业支持	0.143	0.041*	0.032	0.026*	0.608	0.261
个人参与因素	实践参与	0.157	0.000***	0.094	0.033*	0.141	0.000***
	科研参与	0.183	0.000***	0.197	0.000***	0.127	0.007**
	学习参与	0.144	0.000***	0.241	0.000***	0.133	0.000***
模型概要	调整后 R^2	0.194		0.202		0.169	
	F 值	14.357		12.000		13.338	
自变量		通用知识技能		社会适应能力		决策与执行力	
		β	P 值	β	P 值	β	P 值
	学校层次	0.050	0.118	0.030	0.460	0.025	0.736
	高校类别	0.164	0.000***	0.073	0.002**	0.172	0.000***
	自我效能感	0.054	0.104	0.117	0.000***	0.093	0.007**
高校教育活动	课程设置	0.238	0.000***	0.144	0.006**	0.231	0.000***
	教师指导	0.157	0.000***	0.189	0.000***	0.165	0.019*
	课堂教学	0.078	0.802	0.056	0.041*	0.186	0.000***
	就业支持	0.136	0.025*	0.159	0.000***	0.077	0.008**
个人参与因素	实践参与	0.117	0.018*	0.286	0.000***	0.119	0.000***
	科研参与	0.142	0.000***	0.175	0.000***	0.134	0.000***
	学习参与	0.138	0.000***	0.104	0.005*	0.096	0.008*
模型概要	调整后 R^2	0.144		0.156		0.183	
	F 值	18.243		16.159		13.296	
	P 值	0.000***		0.000***		0.000***	

同时，从回归结果看，工科大学生的 6 个就业能力维度在一定程度上都受到学生个体特征和院校特征的影响，其中自我效能感的影响要相对大一些。更重要的是，在控制了上述因素的前提下，工科大学生的上述能力均受到高校教育活动和学生自我参与的显著影响。

2.假设验证与回归模型的结果分析

从高校教育活动来看,综合回归方程的结果并结合原始编码的含义,课程设置和教师指导对于工科大学生6个就业能力维度的形成均具有正向作用,但就业支持和课堂教学在不同维度就业能力形成过程中的影响并不一致。具体地说,高校教育活动的开展对6个就业能力因子的作用路径如下。

(1)教师指导、课程设置和就业支持对工科大学生自我管理能力的形成具有显著的正向作用。教师指导、课程设置对自我管理能力的影响在0.1%水平上显著,就业支持对自我管理能力的影响在5%水平上显著。回归方程的结果表明,在高校教育活动所有变量中,教师指导对自我管理能力的影响最大,其标准化回归系数为0.198;课程设置的标准化回归系数为0.171,对自我管理能力的影响次之;就业支持的标准化回归系数为0.143,对自我管理能力的形成也具有积极的影响。而相较于上述三个因素,经回归结果显示,课堂教学对于自我管理能力不具有显著影响($P>0.05$)(见图5-5)。

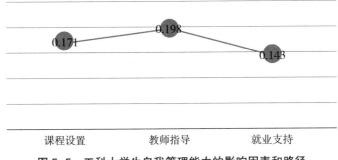

图5-5 工科大学生自我管理能力的影响因素和路径

(2)教师指导、课程设置、课堂教学和就业支持对工科大学生工程知识技能的形成具有显著的正向作用。回归分析结果显示,教师指导和课程设置对工科大学生工程知识技能的影响显著,均超过0.1%,课堂教学和就业支持对工科大学生工程知识技能的提升显著,超过5%。课程设置的标准化回归系数为0.275,对工程知识技能的影响最大;教师指导对工程知识技能的影响其次,标准化回归系数为0.145;课堂教学的标准化回归系数为0.083,对于工程知识技能的形成也具有一定的积极影响;相比之下,就业支持对工科大学生工程知识技能形成的影响较小,其标准化回归系数仅为0.032(见图5-6)。

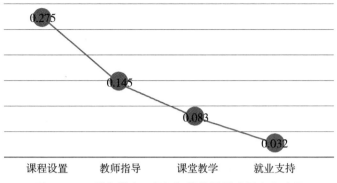

图 5-6　工科大学生工程知识技能的影响因素和路径

（3）教师指导和课程设置对工科大学生创新能力的形成具有显著的正向作用。回归分析结果显示，课程设置对创新能力的影响在 0.1% 水平上显著，教师指导对创新能力的影响在 5% 水平上显著。教师指导的标准化回归系数为 0.178，对创新能力的影响最大；课程设置对创新能力的影响其次，标准化回归系数为 0.165。值得注意的是，课堂教学对创新能力具有显著的负向影响，显著水平为 5%，同时，就业支持对创新能力不具有显著影响。这在一定程度上表明，高校现有课堂教学极不适合工科大学生创新能力的培养（见图 5-7）。

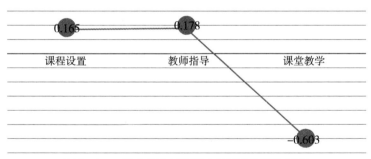

图 5-7　工科大学生创新能力的影响因素和路径

（4）教师指导、课程设置和就业支持对工科大学生通用知识技能的形成具有显著的正向作用。教师指导和课程设置对通用知识技能的影响均在 0.1% 水上平显著，就业支持对通用知识技能的影响在 5% 水平上显著。课程设置的标准化回归系数为 0.238，对通用知识技能的影响最大；教师指导对通用知识技能的影响其次，标准化回归系数为 0.157；相较而言，就业支持对通用知识技能的影响较小，标准化回归系数为 0.136。同时，本研究发现，课堂教学对通用知识技能不具有显著影响。课堂教学是围绕课程内容展开的教学活动，结合对通用知识技能回归结果的分析可以看出，高校现有课堂教学也不利于工科大学生通用知识技能的培养（见图5-8）。

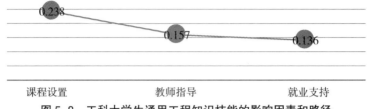

图5-8 工科大学生通用工程知识技能的影响因素和路径

（5）教师指导、就业支持、课程设置和课堂教学对工科大学生社会适应能力的形成具有显著的正向作用。具体地说，教师指导和就业支持对社会适应能力的影响均在0.1%水平上显著，课程设置对社会适应能力的影响在1%水平上显著，课堂教学对社会适应能力的影响在5%水平上显著。教师指导的标准化回归系数为0.189，对社会适应能力的影响最大；就业支持和课程设置对社会适应能力的影响其次，标准化回归系数为0.159和0.144；课堂教学对社会适应能力的影响相对较小，标准化回归系数仅为0.056（见图5-9）。

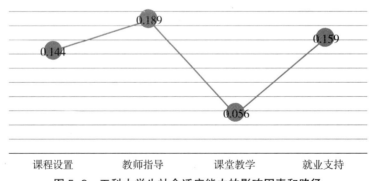

图5-9 工科大学生社会适应能力的影响因素和路径

（6）课程设置、课堂教学、教师指导和就业支持对工科大学生决策与执行力的形成具有显著的正向作用。课程设置和课堂教学对决策与执行力的影响均在0.1%水平上显著，就业支持对决策与执行力的影响在1%水平上显著，教师指导对决策与执行力的影响在5%水平上显著。课程设置的标准化回归系数为 0.231，对决策与执行力的影响最大；课堂教学对决策与执行力的影响其次，标准化回归系数为 0.186；相对而言，教师指导对决策与执行力的影响要小一些，标准化回归系数为 0.165；就业支持对决策与执行力的影响最小，标准化回归系数仅为 0.077（见图 5-10）。

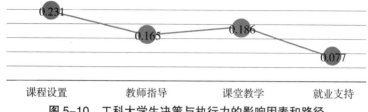

图 5-10　工科大学生决策与执行力的影响因素和路径

从高校教育活动四个因素对 6 个就业能力维度的各自影响来看，课程设置对 6 个就业能力维度的影响依次排序为：工程知识技能＞通用知识技能＞决策与执行力＞自我管理能力＞创新能力＞社会适应能力；教师指导对就业能力各维度的影响依次排序为：自我管理能力＞社会适应能力＞创新能力＞决策与执行力＞通用知识技能＞工程知识技能；课堂教学对就业能力各维度的影响依次排序为：决策与执行力＞工程知识技能＞社会适应能力；就业支持对就业能力各维度的影响依次排序为：社会适应能力＞自我管理能力＞通用知识技能＞决策与执行力＞工程知识技能（见图 5-11）。

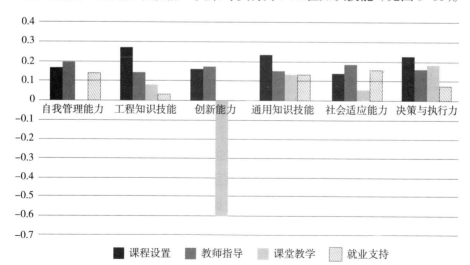

图 5-11　高校教育活动对工科大学生 6 个就业能力维度的影响

从学生自我参与来看，综合回归方程的结果并结合原始编码的含义，实践参与、科研参与和学习参与对工科大学生就业能力的形成具有正向作用，这说明了对高校教育活动的自我参与对于工科大学生就业能力的形成至关重要。具体地说，学生的自我参与对6个就业能力因子的作用路径如下。

（1）实践参与、科研参与和学习参与对工科大学生自我管理能力的形成均具有显著的正向作用。实践参与和科研参与对于自我管理能力的影响均在0.1%水平上显著，学习参与对于自我管理能力的影响在1%水平上显著。回归方程的结果显示，三个因素对于工科大学生自我管理能力的影响都比较大。具体地说，实践参与对自我管理能力的影响最大，标准化回归系数为0.183；科研参与对自我管理能力的影响位居第二，标准化回归系数为0.157；学习参与对自我管理的影响最小，其标准化回归系数为0.144（见图5-12）。

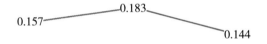

图5-12　工科大学生的自我参与对自我管理能力的影响和路径

（2）实践参与、科研参与和学习参与对工科大学生工程知识技能的形成具有显著的正向作用。回归分析结果显示，科研参与和学习参与对工程知识技能的影响均在0.1%水平上显著，实践参与对工程知识技能的影响在5%水平上显著。学习参与的标准化回归系数为0.241，对工程知识技能的影响最大；科研参与对工程知识技能的影响其次，标准化回归系数为0.197；实践参与对工程知识技能的影响最小，标准化回归系数为0.094（见图5-13）。

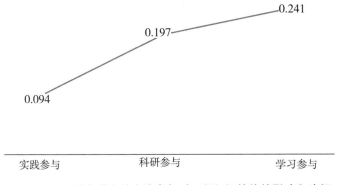

图 5-13 工科大学生的自我参与对工程知识技能的影响和路径

（3）实践参与、学习参与和科研参与对工科大学生创新能力的形成具有显著的正向作用。实践参与和学习参与对创新能力的影响均在 0.1% 水平上显著，科研参与对于创新能力的影响在 1% 水平上显著。回归分析结果显示，三个因素对于创新能力的影响都比较大：实践参与的标准化回归系数为 0.141，对创新能力的影响最大；其次是学习参与对创新能力的影响，标准化回归系数为 0.133；科研参与对创新能力影响的标准化回归系数为 0.127（见图 5-14）。

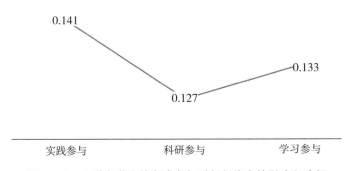

图 5-14 工科大学生的自我参与对创新能力的影响和路径

（4）科研参与、学习参与和实践参与对工科大学生通用知识技能的形成均具有显著的正向作用。科研参与和学习参与对通用知识技能的影响均在 0.1% 水平上显著，实践参与对通用知识技能的影响在 5% 水平上显著。科研参与的标准化回归系数为 0.142，对通用知识技能的影响最大；其次是学习参与对通用知识技能的影响，标准化回归系数为 0.138；实践参与对通用知识技能也具有明显的影响，其标准化回归系数为 0.117（见图 5-15）。

图 5-15　工科大学生自我参与对通用知识技能的影响和路径

（5）实践参与、科研参与和学习参与对工科大学生社会适应能力的形成均具有显著的正向作用。实践参与和科研参与对社会适应能力的影响均在 0.1% 水平上显著，学习参与对社会适应能力的影响在 1% 水平上显著。实践参与的标准化回归系数为 0.286，对社会适应能力的影响最大；其次是科研参与对社会适应能力的影响，标准化回归系数为 0.175；学习参与对社会适应能力也具有积极的正向影响，标准化回归系数仅为 0.104（见图 5-16）。

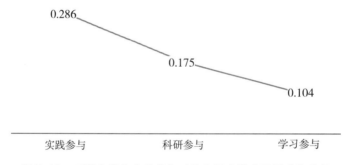

图 5-16　工科大学生自我参与对社会适应能力的影响和路径

（6）科研参与、实践参与和学习参与对工科大学生决策与执行力的形成具有显著的正向作用。科研参与、实践参与对决策与执行力的影响在 0.1% 水平上显著，学习参与对决策与执行力的影响在 1% 水平上显著。科研参与的标准化回归系数为 0.134，对决策与执行力的影响最大；实践参与对决策与执行力的影响其次，标准化回归系数为 0.119；相比之下，学习参与对工科大学生决策与执行力的提升作用较小一些，其标准化回归系数为 0.096（见图 5-17）。

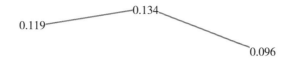

图 5-17　工科大学生的自我参与对决策与执行力的影响和路径

从学生自我参与三个因素对 6 个就业能力维度的各自影响来看，实践参与对 6 个就业能力维度的影响依次排序为：社会适应能力 > 自我管理能力 > 创新能力 > 决策与执行力 > 通用知识技能 > 工程知识技能；科研参与对 6 个就业能力维度的影响依次排序为：工程知识技能 > 自我管理能力 > 社会适应能力 > 通用知识技能 > 决策与执行力 > 创新能力；学习参与对 6 个就业能力维度的影响依次排序为：工程知识技能 > 自我管理能力 > 通用知识技能 > 创新能力 > 社会知识能力 > 决策与执行力（见图 5-18）。

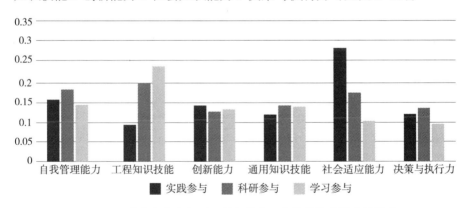

图 5-18　学生自我参与对工科大学生 6 个就业能力维度的影响

5.6　自我效能感的中介效应分析

上述研究表明，在控制了学生个体特征和院校基本特征的基础上，高校的教育活动和学生的自我参与对经济新常态下工科大学生的就业能力具有显著的积极作用。本部分将基于研究假设的分析框架，进一步深入探究学生的自我参与、自我效能感与就业能力三者之间的关联。研究假设认为，工科大学生的自我参与对于其就业能力不仅具有直接影响，同时还通过自我效能感的中介效应，使得学生的自我参与对其就业能力的形成起到间接影响作用。基于此，根据H2假设验证学生自我参与对工科大学生就业能力的正向影响模型，即模型1；根据H3假设验证自我效能感对工科大学生就业能力的正向影响模型，即模型2；根据H4假设验证自我效能感在学生自我参与和工科大学生就业能力之间起中介作用，即模型3。

5.6.1 结构模型的构建

由于验证性因素（CFA）模型主要是用来评估观察标识是否能按研究设计对潜变量进行测量的，而本研究的主要目的在于探讨观测变量对潜变量的作用，故采用AMOS22.0进行结构方程模型（SEM）的潜变量路径分析。

本研究采用最大似然估计（MLE）方法对模型进行拟合。根据Hu和Bentler的建议，可以采用比较拟合程度指标（CFI）和标准化假设模型整体残差（SRMR）来判断模型的拟合程度。一般来说，CFI值大于0.9，SRMR值小于0.05可以认为假设模型与研究数据的拟合程度比较好。在本研究构建的3个结构方程模型中，CFI的值均大于0.9，SRMR的值均小于0.05，这说明3个构建模型均具有良好的拟合优度，模型构建效度较高（见表5-19）。

表5-19 验证性因子分析模型拟合指数

拟合指数	X^2	df	X^2/df	GFI	CFI	RMSEA	SRMR
模型1	791.42	369	2.14	0.925	0.918	0.047	0.042
模型2	697.16	355	2.08	0.917	0.922	0.043	0.045
模型3	745.37	317	2.35	0.913	0.915	0.041	0.043

5.6.2 假设验证与结构模型的结果分析

以学生的自我参与和就业能力为变量的结构模型（模型1）结果显示，学生自我参与的三个潜变量科研参与、实践参与和学习参与对工科大学生就业能力均具有非常显著的影响，其标准化路径系数分别为0.695（$P<0.001$）、0.535（$P<0.01$）和0.430（$P<0.05$）。这表明研究假设H2a、

H2b、H2c 均通过验证，因此假设 H2 通过验证，即工科大学生的自我参与对其就业能力具有显著的正向影响（见图 5-19）。

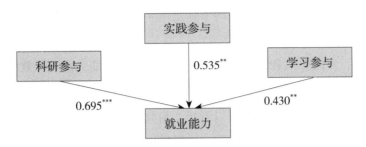

图 5-19　学生的自我参与和就业能力的结构模型（模型 1）

以自我效能感与就业能力为变量的结构模型（模型 2）结果显示，自我效能感对工科大学生就业能力的路径系数为 0.425（$P<0.001$），说明假设 H3 通过检验，即自我效能感对工科大学生就业能力具有正向影响。进一步以自我效能感为中介变量的学生自我参与和就业能力结构模型的结果显示：科研参与对工科大学生自我效能感的路径系数为 0.785（$P<0.05$）；实践参与对工科大学生自我效能感的路径系数为 0.669（$P<0.01$）；学习参与对工科大学生自我效能感的路径系数为 0.794（$P<0.05$）。而科研参与、实践参与和学习参与对工科大学生就业能力的直接效应分别为 0.644（$P<0.001$）、0.472（$P<0.05$）和 0.351（$P<0.01$）（见图 5-20）。

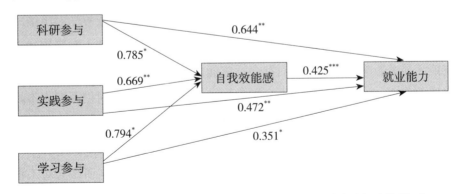

图 5-20　自我效能感对学生自我参与和就业能力的中介效应路径（模型 3）

在引入自我效能感作为中介变量之后，学生自我参与的三个维度对就业能力的直接效应均有不同程度的下降。在模型 1 中，科研参与对工科大学生就业能力的直接效应是 0.695（$P<0.001$），而科研参与对工科大学生就业能力的直接效应在模型 3 中显著减少了 0.051（$P<0.01$），可以说明科研参与对工科大学生直接效应的下降是由于自我效能感的部分中介效应所致，中介效应为 0.480。

同理，实践参与和学习参与对工科大学生就业能力的直接效应也发生了显著下降，分别下降了 0.063（$P<0.001$）和 0.079（$P<0.001$），中介效应分别为 0.279 和 0.467。由此可以看出，自我效能感作为学生自我参与对就业能力间接作用的重要中介要素，使得学生自我参与对就业能力的直接效应因其中介作用而发生了下降。H4a、H4b、H4c 通过验证，假设 H4 也通过验证，即自我效能感在学生自我参与和工科大学生就业能力之间发挥中介效应。

5.7 本章小结

本章通过运用多元有序回归分析方法和结构方程探究高校教育活动、学生自我参与以及自我效能感对新常态下工科大学生就业能力的影响路径，主要包括三个方面内容。

（1）高校教育活动对各就业能力维度均具有积极影响。课程设置对工程知识技能、通用知识技能以及决策与执行力影响较大，对社会适应能力影响较小；教师指导对各项就业能力维度均影响较大；课堂教学对决策与执行力影响较大，对创新能力具有负向影响，对自我管理能力和通用知识技能无显著影响；就业支持对社会适应能力、自我管理能力和通用知识技能影响相近，对决策与执行力和工程知识技能影响较小，对创新能力不具有显著影响。

（2）学生自我参与对各就业能力维度均具有积极影响。实践参与对社会适应能力影响最大，对其他就业能力维度影响也较大；科研参与对工程知识技能、自我管理能力、社会适应能力和通用知识技能影响较大，对其他能力影响也较大；学习参与对工程知识技能影响最大，对其他就业能力的影响差异不大。

（3）自我效能感在工科大学生自我参与和就业能力之间具有中介作用。自我效能感不仅对于工科大学生的就业能力具有直接且显著的影响，还在工科大学生的自我参与和其就业能力之间产生中介作用。

第 6 章　结论与建议

大学生就业能力问题是伴随社会变迁和发展永不褪色的话题。不同时代背景下对于大学生就业能力研究的视角不一，内容有别。在我国经济新常态的背景下，对于工科大学生就业能力的研究需要突出新常态下经济发展的新特征和新变化对于工科大学生就业能力的新诉求。

本研究对于工科大学生就业能力的探究路径正是基于经济新常态与工科大学生就业能力的关联，在深入分析经济新常态发展的本质特点和核心动力的基础上，对于工科大学生的就业能力评价要素和影响因素展开研究。本书通过社会诉求分析、文献研究分析以及专家认知分析的三角验证，结合因子分析，形成新常态下工科大学生就业能力评价模型，并预设工科大学生的就业能力是高校教育培养活动和就业准备过程中学生自我参与共同作用的结果，学生自我参与对工科大学生就业能力的影响还受到学生自我效能感的中介作用。

本研究将定性与定量研究方法相结合，综合运用文献分析法、访谈法、问卷调查法和统计分析法等研究方法，以新常态下工科大学生就业能力要素的界定为起点，以工科大学生就业能力评价为基础，以工科大学生就业能力影响因素为核心开展研究。

研究首先从经济新常态下工科大学生就业能力评价模型的构建步骤入手，初步从理论层面确立新常态对工科大学生基本就业能力和延展性就业能力的社会诉求；在此基础上通过对研究者、企业和高校教师认知的梳理，从现实层面对新常态下工科大学生就业能力评价要素加以提取，并运用探索性和验证性因子分析方法，确立经济新常态下工科大学生就业能力评价模型；之后在全国范围发放 3 000 份调查问卷对工科大学生的就业能力进行深入、系统的实证分析，并考察经济新常态下工科大学生就业能力的特点和差异；为了探寻影响工科大学生就业能力培育和发展的关键因素，本研究还通过建立回归模型，进一步探究高校教育活动和学生自我参与对工科大学生就业能力形成机制的影响路径，并通过结构方程验证了自我效能感在学生自我参与和工科大学生就业能力之间的中间作用。

研究达到了预期目的，研究预设的创新点得到实现，在样本发放、指标选取和模型构建等方面存在的不足之处尚需在后续研究中不断加以完善。

6.1 主要研究结论

（1）工科大学生就业能力校际、群际发展不平衡，差异显著，主要表现在以下几个方面。

第一，不同层次高校间工科大学生的就业能力差异显著。211高校和普通高校的工科大学生整体就业能力的得分明显高于985高校，211高校的得分虽然比普通高校略高，但二者之间不存在显著差异。就6个就业能力一级维度而言，211高校和普通高校自我管理能力、社会适应能力和创新能力得分明显优于985高校；211高校通用知识技能和社会适应能力显著优于普通高校；普通高校工程知识技能和通用知识技能得分显著高于985高校。通过对数据进行相关分析发现，自我效能感对于工科大学生就业能力具有显著的正向影响，即效能感得分越高，其就业能力自我评价越好。而在自我效能感的评价上，211高校和普通高校明显高于985高校，这可以部分解释985高校工科大学生就业能力得分与211高校和普通高校相比具有明显劣势的原因。

第二，在学校类别的较量中，理工类高校在就业能力评价中处于明显弱势地位。综合类高校工科大学生的整体就业能力得分明显高于理工类高校。就业能力的6个一级维度上，除创新能力和社会适应能力两项得分上，综合类高校显著高于理工类高校，在自我管理能力、工程知识技能、通用知识技能和决策与执行力四个维度上，综合类高校均显著高于理工类高校。

第三，工科大学生就业能力的性别差异十分显著。就整体就业能力得分而言，女生明显高于男生。从 6 个就业能力一级维度来看，工科女大学生自我管理能力、社会适应能力和决策与执行力得分明显高于工科男大学生。由于相关分析发现，自我效能感对工科大学生的就业能力具有显著的预测作用，相关系数为 0.256，为排除因自我效能感差异引起男生、女生就业能力评价的差异，研究中专门对男生、女生的自我效能感进行了差异比较，结果表明，不同性别工科大学生在自我效能感上不存在显著差异，即自我效能感不是引起男、女工科大学生就业能力差异的主要原因。

第四，不同自我效能感水平的群体就业能力差异十分显著。通过统计不同自我效能感群体在就业能力各因素上的表现，发现高自我效能感群体无论在整体就业能力还是 6 个就业能力维度上均明显优于中自我效能感群体和低自我效能感群体。同时，相较于高自我效能感群体和中自我效能感群体，低自我效能感群体在自我管理能力、创新能力、社会适应能力和通用知识技能四个就业能力维度上的自我评价显著较低。同时，本研究中关于自我效能感对工科大学生就业能力具有显著预测作用的结论也进一步验证了上述研究结果：自我效能感越高，对各就业能力维度的自我评价也相对越高。

（2）适应经济新常态的基本就业能力整体匮乏，各组间差异显著。在新常态下工科大学生就业能力的 6 个维度中，工程知识技能和通用知识技能更多的属于基本就业能力，其中工程知识技能在因子中排第二位，通用知识技能排第四位，这表明基本就业能力在工科大学生就业能力结构中较为关键。

但从各能力维度的得分来看，工程知识技能和通用知识技能的得分分别位居最后和倒数第三位；同时，与自我管理能力、决策与执行力和社会适应能力相比，工科大学生的工程知识技能和通用知识技能得分表现出显著的低水平。这说明相较经济新常态所需求的所有就业能力维度而言，工科大学生的基本就业能力明显不足。

工科大学生的基本就业能力表现出显著的性别差异和校际差异，女工科大学生的工程知识技能和通用知识技能得分明显高于男工科大学生；

211高校和普通高校工科大学生工程知识技能和通用知识技能的得分明显优于985高校；综合类高校工科大学生工程知识技能和通用知识技能的得分明显高于理工类高校。

普通高校工科大学生的知识技能得分明显高于985高校，这一结果在《中国高等教育质量报告》中可以得到一定的印证，即985高校、211高校的教师学术水平较受学生认可，仅就单纯的教学质量认可度方面，985高校、211高校"反而不如一般院校。同时，这一结果也与以往研究结果一致（厦门大学的研究发现，"985工程"高校大学本科教育对目标的强调程度与学生实际提升程度之间差距较大[①]）。

（3）引领经济新常态的延展性就业能力普遍薄弱，各组间无显著差异。除了需要具备适应新常态发展的基本就业能力，工科大学生作为新常态发展的主力军，还应具备引领新常态发展的一些延展性就业能力。研究发现，工匠精神、跨界思维能力、资源整合能力、信息技术能力、终身学习能力和分享思维能力6项能力是引领经济新常态发展所需要的延展性就业能力。

对全部调查样本的工科大学生群体而言，上述几项就业能力的评价中，工科大学生的得分普遍较低，其中供给侧改革积极倡导的工匠精神得分最低，"互联网+"时代非常需要的跨界思维、资源整合能力以及信息技术能力也比较匮乏，终身学习能力与分享思维能力相比之下得分稍高一些。

对于不同层次和不同类别的工科大学生而言，上述引领经济新常态的就业能力虽然表现不一，但不同高校间均不存在显著差异。211高校工科大学生在资源整合能力、跨界思维、信息技术能力、终身学习能力、分享思维能力方面得分高于985高校工科大学生和普通高校工科大学生；普通高校工科大学生在工匠精神上的得分高于211高校工科大学生和985高校工科大学生。综合类高校工科大学生除了工匠精神上和分享思维能力得分略低于理工类高校工科大学生外，其他几项延展性就业能力的得分均高于理工类高校工科大学生。

[①] 吴凡.我国"985工程"高校本科生学习成果评估[J].中国高教研究，2014（2）：9.

就性别而言，男工科大学生的跨界思维能力和信息技术能力比女工科大学生得分略高；女工科大学生的工匠精神、资源整合能力和终身学习能力及分享思维能力均略高于男工科大学生，仅在终身学习能力一项上女工科大学生显著高于男工科大学生。

从生源角度看，城市工科大学生与农村工科大学生在上述几项就业能力上并不存在显著差异，仅在跨界思维能力上城市工科大学生得分显著高于农村工科大学生；而在工匠精神和终身学习能力上城市工科大学生得分则低于农村工科大学生。

（4）高校教育活动对工科大学生就业能力的形成具有正向作用，就业支持和教学模式在不同就业能力中的作用不一致。高校教育活动的四个因素对工科大学生整体就业能力具有积极影响，影响程度依次排序为：课程设置、就业支持、教师指导和教学模式。从四个因素对 6 个就业能力维度的各自影响来看，课程设置和教师指导对于工科大学生 6 个就业能力维度的形成均具有正向作用，而就业支持和教学模式在不同维度就业能力形成过程中的影响作用却不尽一致。教学模式对自我管理能力和通用知识技能影响不显著，对创新能力具有显著的负向作用，就业支持对创新能力不具有显著影响。

从高校教育活动四个因素对 6 个就业能力维度的各自影响来看，课程设置对工程知识技能影响最大，对通用知识技能和决策与执行力影响较大，对社会适应能力影响最小。教师指导对各个就业能力维度影响都比较大，对自我管理能力影响最大，对社会适应能力和创新能力影响较大，对工程知识技能影响相对最小；教学模式除了对决策与执行力影响较大外，对于工程知识技能影响较小，对于自我管理能力和通用知识技能没有显著影响，同时对创新能力具有明显的副作用；就业支持对社会适应能力、自我管理能力和通用知识技能的影响都比较大，对决策与执行力和工程知识技能影响较小，对于创新能力没有显著影响。

从四个因素的得分来看，课程设置得分最高，就业支持得分位居第二，教师指导得分排在第三位，教学模式得分最低。

（5）学生的自我参与对工科大学生就业能力的形成具有显著正向作用。研究发现，工科大学生自我参与的三个因素对其整体就业能力均具有积极促进作用，影响程度依次排序为：①实践参与；②科研参与；③学习参与。

从学生自我参与三个因素对6个就业能力维度的各自影响来看，实践参与对工科大学生社会适应能力的影响最大，其次是对自我管理能力和创新能力影响，对工程知识技能影响最小。从工科大学生的实践参与情况来看，得分并不高，这说明工科大学生的实践参与也不容乐观。

科研参与对工科大学生6个就业能力维度的影响均比较大，对工程知识技能影响最大，对自我管理能力和社会适应能力影响其次，对创新能力影响相对最小。从工科大学生的科研参与情况来看，得分比实践参与要低，说明工科大学生的科研参与虽然比较重要，但参与情况并不能让自己满意。

学习参与对工程知识技能影响最大，对自我管理能力、通用知识技能和创新能力影响其次，对决策与执行力影响最小。虽然学习参与对工科大学生工程知识技能的影响最大，但从工科大学生学习参与的得分来看，分数表现为整体的低水平，这说明工科大学生的学习参与度有待于进一步加强。

（6）自我效能感在学生自我参与和工科大学生就业能力的关系中发挥中介效应。自我效能感作为积极心理学的一个重要概念，在很多研究中被加以关注。部分学者也将自我效能感作为中介变量引入到对大学生就业能力和就业结果的相关研究中，因为研究变量的不同，不同研究中自我效能感所起的中介作用也不同。由于本研究中秉承这样一个思路，即工科大学生就业能力的形成和提升受制于高校教育活动和学生自我参与的共同影响。而学生的自我参与度和参与效果会受到其心理特征的影响，因此本研究主要以自我效能感代替工科大学生的心理特征，探究其在学生自我参与和工科大学生就业能力关系中的作用。

研究发现，工科大学生自我参与的三个因素通过自我效能感影响工科大学生的就业能力。实践参与、科研参与和学习参与除了对工科大学生的就业能力具有显著的正向作用外，对工科大学生的自我效能感也具有显著的正向作用。通过构建结构模型，探究学生的自我参与、自我效能感与就业能力三者之间的关联发现，自我效能感在学生自我参与和就业能力之间起部分中介作用。自我效能感作为学生自我参与对就业能力间接作用的重要中介要素，使得学生自我参与对就业能力的直接效应。

6.2 政策建议

人力资本在经济增长中的作用日益受到关注，在新古典增长理论的一些重要模型中，已将人力资本置于经济增长研究的核心地位。工科大学生因投资高等教育而形成的就业能力是其未来参与经济增长的重要人力资本，其就业能力的发展必须与人力资本的社会需求形成良好对接，其就业能力的优劣又与高校教育活动的数量和质量，以及学生自身对高校教育活动的参与程度密切相关。

针对上述研究结论，本研究提出以下政策建议。

1. 强化基本就业能力培养，推进课程和教学的供给侧改革

本研究的统计结果表明，以工程知识技能为代表的基本就业能力在工科大学生就业能力结构中最为关键，但却表现出人口学特征的普遍低水平，其中尤以985高校堪忧。作为工程知识技能中的核心能力，工科大学生的工程实践能力得分尤低，且不存在高校间的差异。

通过对工科大学生就业能力影响因素的回归分析发现，工科大学生的基本就业能力受课程设置和课堂教学的影响比较大。但工科大学生对于课程设置和课堂教学的评价却不高，985高校的评价尤差，但各高校间并未表现出显著差异。这可以部分解释985高校工科大学生基本就业能力评价不高的原因，也更说明各高校应该普遍加强课程和教学的深化改革，切实发挥课程和教学活动在工科大学生基本就业能力形成中的积极作用。

从经济新常态下供给侧改革的视角审视工科大学生基本就业能力不足的问题，不难发现，高校作为高等教育服务供给方所提供的课程安排和课堂教学无法很好地满足工科大学生的实际需求，这种供给侧和需求侧的不匹配客观上影响了工科大学生基本就业能力培养的效果。

另外，从本研究的结果来看，工科大学生的科研参与对于各项就业能力的影响均比较大，这一方面说明科研的投入对于工科大学生就业能力的提升是有积极作用的，与课堂教学效果相对比，说明近些年来高校出现的"重科研、轻教学"情况确实不容乐观。

相比之下，普通高校由于科研经费的限制，与教学还保持着一定的平衡度，因此普通高校工科大学生的基本就业能力评价相对高一些。另外，有学者研究表明，高校大学生工程实践能力的培养呈现出向课外科技活动、校外实践环节寻求突破的倾向。过度的重心外移造成学校、教师、课堂在学生工程能力培养中的"缺位"，从根本上影响大学生工程实践能力的提升。课堂、课程、学校是工程实践能力培养的基础[①]。原中国高等教育学会会长瞿振元在"2015年高等教育国际论坛暨中国高等教育学会学术年会"上指出，高等教育由大向强转变的根本标志是人才培养质量的整体提升，目前我国高校教学中存在的诸多"教与学"问题，出路在于扎实的教育教学改革；2016年4月我国发布的《中国高等教育质量报告》中提到，不少学校存在"重科研轻课堂"的现象。这也在一定程度上印证了本研究的结论。

同时，本研究发现综合类高校工科大学生的通用知识技能得分显著高于理工类高校，通过访谈发现，学生和专家普遍认为综合类高校的学科交叉融合程度要明显高于理工类高校。

基于此，各高校应从提升工科大学生基本就业能力的客观需求出发，切实推进课程和教学的供给侧改革。例如，学习国际一流专业的课程体系的设置理念和技术，优化国内课程体系[②]；在课程教学中拓宽专业课程的延展性，增强专业课程授课中对于人文社科知识的渗透；通过选修课程的设置，促进工程学科与人文社会学科的深度融合；在课程设置时充分吸纳及听取雇主单位和学生的意见，使得课程设置更好地满足社会需求；推进

---

① 胡纵宇,刘芫健.溯本求源：大学生工程通用知识技能培养的三个回归[J].高等工程教育研究，2015（01）：185-190.
② 马永霞,郝晓玲.我国高等教育人才培养模式的国际化进程——以战略路线图为工具的历史分析[J].现代教育管理，2013（05）：25-31.

现代信息技术在课堂教学中的应用，拓展线上课程教学和线下课程教学相结合的新教学模式；从优化资源配置的角度入手，平衡课程、教学投入与科研投入的比例，并通过在职称评审、评优等环节中加大对教学的认可度，来激励高校教师的教学投入度，提升课堂教学的实效性；通过发展无边界课堂等建立高校与行业、企业在课程和教学改革方面的深度合作等。

2. 培育延展性就业能力，推进专业教育与双创教育的融合

延展性就业能力是工科大学生在新常态背景下格外需要培养的。在"大众创业，万众创新"的背景下，作为高校教育活动重要组成部分的创新创业教育，除了对工科大学生的创业意向和创业行为产生影响，还对工科大学生的就业能力产生重要影响。本研究结果显示，工科大学生参与创新创业实践对其就业能力具有极其显著的积极影响。另外，已有研究表明，在高等教育大众化和就业市场竞争日趋激烈的社会背景下，"以创业带动就业"对毕业生实际就业贡献极小。实际上，从创新创业教育的本质看，其目的也并非直指创业，而是针对我国的创新驱动战略，培养大学生的创新精神和企业家精神。

本研究发现，工科大学生无论创新能力还是跨界思维、工匠精神、终身学习能力、分享思维等引领新常态发展的延展性就业能力都比较匮乏。这些能力的形成既有先天的因素，也是教育的结果。本研究同时发现，教师指导和实践参与对工科大学生的创新能力影响最大；其次，高等教育活动和学生参与及创新能力、跨界思维、工匠精神、终身学习能力、分享思维等的相关分析发现，课程设置、科研参与、实践参与对于上述引领新常态发展的就业能力均具有显著正相关，其中实践参与的相关性最强，而创新创业实践对于上述能力具有显著的影响。

目前，由于区域双创氛围不够浓厚，致使一些高校对双创教育的重视程度不够，或者将双创教育仅停留在大学生创新创业训练计划的层面。鉴于双创教育和专业教育是工科大学生就业能力发展的核心所在，同时由于专业教育和双创教育本身不矛盾，因此主张将创新教育和专业教育"拧成一股绳"，逐步探索"专业+创新创业"相融合的课程体系，既要在高校

设置多类型、多层次的双创课程，开设"行业课程"和"创业平台课程"，还要在专业课程中融入"嵌入式就业创业课程"，实现专业课程与双创教育的交叉、渗透和融合。

3. 秉承共享发展理念，利用"互联网+"实现资源优势整合

研究发现，工科大学生的就业能力的非均衡发展既表现为校际和群际间的差异，也表现为不同就业能力模块间的差异，其中校际差异发展最为突出。对校际就业能力的显著性差异及其原因的探究表明，不同层次和类别的高校之间显现出不同的就业能力侧重点。普通高校在工程知识技能等就业硬能力方面具有优势，211高校在软就业能力方面发展较好，而985高校无论在就业硬能力还是就业软能力方面均表现较差。

而从政府对不同层次高校的财政投入来看，985高校和211高校的财政投入远远超过普通高校，但从就业能力产出角度来看，并未与投入形成正比，这将在很大程度上降低高校优势资源的投入—产出效率。从群际差异来看，在排除了自我效能感的影响之后，工科女大学生的就业能力仍明显优于工科男大学生。从工科大学生就业能力模块的发展差异来看，也明显表现出各就业能力间发展的不均衡，这将导致工科大学生某个或几个就业能力的短板，不利于保持工科大学生在就业市场的竞争优势。

共享发展是经济新常态下党的十八届五中全会提出的新发展理念，也是引领教育改革发展的指导思想。根据本研究结果，工科大学生就业能力不同模块间发展的不平衡现象比较普遍，而校际和群体间就业能力发展的不平衡也是不容忽视的现实，因为经济发展的新常态对于工科大学生就业能力的需求是面向全体，而非个别高校或部分群体。因此，如何对工科大学生就业能力的短板加以弥补，平衡校际和不同群体间的就业能力发展是一个值得深入探讨的问题。

在共享发展理念的指导下，各高校可以对其现有资源进行重新配置并与其他高校形成优势互补和资源共享，以促进校际和群际间工科大学生就业能力的协同发展，补齐工科大学生就业能力的短板。由于传统教育模式受制于地域和时空界限，不同高校间学科发展、课程设置和教学开展等资

源共享受到限制。而互联网存在不受空间限制进行信息交换、交换信息具有互动性、信息交换的使用成本低等特点，在探索和实现各高校间学科发展、课程和教学资源的深度融合，促进高校间在就业能力形成中的共享发展方面具有显著优势。且随着互联网与传统教育的结合，越来越多的线上教育平台可以为高校间的资源共享提供平台和技术支持，当然这需要新一轮教育改革的推动，引导高校在非关键资源方面建立真正开放的平台。

4. 引入积极心理学，提高学生自我效能感和教育活动的参与度

第一，本研究发现，工科大学生的自我效能感除了对就业能力具有直接的显著影响外，还在学生自我参与和工科大学生就业能力之间起到部分中介作用。以往研究也发现个体的自我效能感水平对于其完成任务的信心具有直接的促进作用，换句话说，自我效能感高的人对完成任务信心。在本研究中，高自我效能感的工科大学生的就业能力评价水平较高，中自我效能感和低自我效能感工科大学生的就业能力评价相对较低，由于自我效能感的高低引起工科大学生就业能力的显著差异，因此在工科大学生就业能力培养过程中不能忽视这一因素的影响。

同时，研究发现，就业能力整体评价较低的985高校工科大学生的自我效能感普遍较低。而通过对工科大学生就业结果的验证发现，就业能力评价越高，就业结果越好。从这一角度来看，自我效能感将通过对就业能力的影响间接影响到就业结果这一级。如此看来，提高工科大学生的自我效能感水平对于其就业能力的提升具有积极意义。

第二，研究发现工科大学生的就业能力除了受高校教育活动的影响外，在很大程度上受到其自我参与的影响。无论实践参与、科研参与还是学习参与，效果都直接受到其积极性的影响，研究表明，参与行为越积极，参与效果越好。通过和工科大学生的部分访谈发现，工科大学生对于高校教育活动的自我参与热情并不高，因此为了真正地发挥学生自我参与在就业能力形成中的作用，就需要结合工科大学生的心理特点，探索能够激发其正能量的方式来提升工科大学生对高校教育活动的参与度。

关于自我效能感的提升，根据Bandura（2001）在《思想和行动的社

会基础》中提到的，人们关于自己才智和能力的自我效能感主要是通过亲历的掌握性经验、替代经验、言语说服，以及生理和情绪状态这四种信息源提供的效能信息而建立的[①]。同时，本研究结果也表明，学生的实践参与对其自我效能感也具有直接且显著的影响。

就高校层面而言，尤其是985高校，具有非常庞大的校友及社会资源库，可以充分发挥这些优势，通过对社会资源的拓展和整合，为工科大学生创造更多参与实践的机会，促进其积累更多的掌握性经验和替代经验，以提高工科大学生的自我效能感水平。同时，由于学生的生理和情绪状态会对自我效能感产生影响，而积极心理学近年来在心理能量方面的积极作用越来越受到社会认可，因此高校可以在工科大学生的就业课程体系中增加积极心理学的相关课程，或者在第二课堂中增加积极心理学的相关内容，有效培养工科大学生积极的情绪体验，激发其心理的正能量，促进其自我效能感水平的提升和高校教育活动的参与。

6.3 主要创新点

现有文献中关于大学生就业能力的研究，多集中于对就业能力本身的分析；针对不同学科的专门研究较少，且忽视了对就业能力所处社会背景的关注。本研究以经济新常态为宏观背景，从"互联网+"、供给侧改革、"大众创业，万众创新"、分享经济等视角并综合经济学、教育学、工程学、心理学、管理学、统计学等相关学科理论基础，对我国工科大学生的就业能力及其影响因素进行研究，探索经济新常态下工科大学生就业能力的新特点、新要素，挖掘经济新常态下工科大学生就业能力的关键影响因素，对已有的大学生就业能力理论研究和实证研究，在广度及深度上实现了有益的补充和拓展。

本研究的主要创新点如下。

（1）构建了基于经济新常态背景的工科大学生就业能力评价模型。传

---

① 班杜拉.思想和行动的社会基础[M].上海：华东师范大学出版社，2001：76.

统研究更多地聚焦于大学生就业能力本身，忽视了从系统论和动态的角度看待大学生的就业能力问题，对于特定历史时期下经济增长对就业能力的引致关系关注较少。本研究克服了这种局限性，首先建立经济增长与大学生就业能力之间的关联，通过分析经济新常态下我国产业结构调整升级以及由此引发的"互联网+"、供给侧改革、"大众创业，万众创新"、分享经济等对工科大学生就业能力的延展性诉求，深度挖掘工科大学生就业能力所应具备的新特点和新要素；在此基础上构建突出新常态特点、符合新常态要求的工科大学生就业能力评价初始模型，并通过探索性因素分析和验证性因素分析确立了正式评价模型，该模型可以作为工科大学生就业能力评价的工具。

（2）对于工科大学生就业能力影响因素进行跨层次和交互作用研究，全面揭示了工科大学生就业能力的形成机理。以往研究者们更多的是探讨单层面变量，如大学生就业能力的前因变量（学生个体特征、院校特征、高校教育质量等）与大学生就业能力之间的线性关系，忽视了不同因变量间的交互作用和"过程"机制，这不仅会削弱理论的解释力，而且会降低研究结果的外部效度。由于工科大学生的就业能力受到多层面因素的综合影响，这些因素间可能彼此镶嵌。因此本研究对跨层次变量及变量间的交互作用进行深入考察，从"学生个体特征—院校特征—高校教育活动—学生自我参与—自我效能感"多层面上，在控制学生个体特征、院校特征等前因变量的基础上，考察高校教育活动和学生自我参与对工科大学生就业能力的影响，同时探索了影响工科大学生就业能力的中介变量，全面揭示工科大学生就业能力形成的过程机制。

（3）验证了自我效能感在学生自我参与和工科大学生就业能力之间的中介作用。以往研究中对于大学生就业能力的探索要么基于心理学层面，要么基于教育学层面，不同学科间的割裂使得研究成果的应用性和拓展性受到局限。本研究打破了这一界限，既强调在教育学视域下研究问题，又尝试学科间的融合。本研究充分关注个体的心理特征对其就业能力自我评价的影响，在对工科大学生就业能力的影响因素及路径加以探究的基础上，引入积极心理学中的自我效能感概念，先是考察了自我效能感、学生自我参与和工科大学生就业能力之间的关联，继而验证了自我效能感不但对工科大学生的就业能力具有直接影响，其在工科大学生的自我参与和就业能力之间也起到中介效应，这可以为大学生就业能力问题的拓展研究提供有益的参考。

6.4 研究的不足与展望

新常态下催生出的新业态、新经济等对工科大学生的就业能力既带来了机遇，也提出了挑战，本研究正是基于这个视角对工科大学生的就业能力开展研究。依托于我们构建的经济新常态下工科大学生就业能力评价模型，对全国2 840名工科大学生的就业能力加以评价，并在此基础上深入探索高校教育活动和学生参与对工科大学生就业能力及各维度的具体影响，提炼出工科大学生就业能力的关键影响因素。

通过研究，取得了一定具有理论和实际意义的结论。但鉴于经济新常态下工科大学生就业能力的形成和发展涉及多个层面的因素，其影响因素的研究日趋呈现复杂性和多样性，同时，由于笔者的学识和能力有限，本书要彻底完善工科大学生就业能力的结构及影响因素，仍有很多问题有待进一步深入研究。

（1）经济新常态下工科大学生就业能力影响要素的框架构建未考虑外部利益主体。经济新常态下工科大学生就业能力受不同利益相关者的综合作用和影响，本研究构建的影响要素框架仅限于高校内部，主要围绕高校利益主体和学生利益主体，对于外部利益主体如企业因素等研究不足。鉴于外部利益主体的动态性和复杂性，导致对工科大学生就业能力形成机理的研究适用性受到一定限制。另一方面，研究虽然在控制性别、学校层次、学校类别、生源、自我效能感水平等个体和院校特征变量的基础上，对工科大学生就业能力影响因素进行了分析，但对于控制变量的选择还不够全面，例如，是否为学生干部、所获证书以及学业成绩等的影响不能完全消除。在进一步的研究中，将剥离出更多的控制变量，更加清晰地揭示不同影响因素对工科大学生就业能力存在的影响。

（2）研究基于结果导向，缺乏对经济新常态下工科大学生就业能力发展过程的关注。在样本选取过程中，本研究更关注工科大学毕业生，试图考察及分析工科大学毕业生就业能力的特点和影响因素。因此在样本发放时虽然综合考虑了性别、生源地、学校层次和学校类别等特征，但在年级特征上仅选取了本科四年级的工科大学生。后续研究中虽然剖析了因性别、生源地、学校层次和类别不同所导致的工科大学生就业能力的横向差异，但由于缺乏不同年级间工科大学生就业能力数据的纵向对比，因此无法揭示工科大学生就业能力的发展过程和发展变化趋势，也无法探究不同影响因素对于不同年级工科大学生就业能力影响程度的差异性。在后续的研究中，将增加对年级变量的引入，实现对工科大学生就业能力的立体化研究。

（3）对经济新常态下工科大学生就业能力研究的深度还不够。经济新常态具有动态性和复杂性特点，虽然研究中剖析了经济新常态的特点及其对于工科大学生就业能力的新诉求，但由于本研究所构建的工科大学生就业能力模型是相对静态的，因此无法持续满足不断变化的经济形势及其引发的新商业模式对于工科大学生就业能力的动态需求。同时，本研究中更多关注的是高校教育活动和学生自我参与因素对经济新常态下工科大学生就业能力的单向作用，虽然研究中也考察了自我效能感在学生自我参与和就业能力间的中介作用，但未能对高校教育活动因素和学生自我参与间的交互作用进行深入探究。在研究过程中，工科大学生就业能力结构在理论分析、模型构建以及验证等方面存在一定的局限。在未来的研究中，将会及时搜集关于经济新常态的最新研究成果，建立更加动态化的工科大学生就业能力评价模型，对高校教育活动及学生自我参与的交互作用进行更加深入的探索和研究。

附录1　行为事件访谈提纲

您好！非常感谢您能参与此次访谈。本次调查目的在于探讨新常态下工科大学生就业能力评价要素，根据研究的需要，访谈过程需要进行录音，但录音内容将严格保密，且仅为学术研究所用，请您务必放心。谢谢您的支持！

本次访谈希望通过收集已毕业优秀工科大学生的具体工作事件，从中提取出新常态下工科大学生就业能力评价要素的关键内容。

访谈问题：

1. 您的年龄？您从什么时候开始从事现在的工作的？

2. 您当前的职位是？您的主要工作职责是什么？

3. 在您从事当前工作期间，有没有经历过印象非常深刻的事情？

请您谈一下自己在工作中比较满意的事情和不太满意或是感到受挫的事情。

A. 满意的事情：

①事情发生时是怎样的情境？是什么事情导致了这个情境的出现？

②涉及哪些人？每个人都是如何做的？

③在当时的情境下，您的想法、感受是什么？您最想做什么？

④实际上当时的您是如何做的？

⑤事情的结果怎样？那件事发生之后，您对现在从事的工作有哪些新的体会？

B. 不满意的事情：

①事情发生时是怎样的情境？是什么事情导致了这个情境的出现？

②涉及哪些人？每个人都是如何做的？

③<u>在当时的情境下，您的想法、感受是什么？您最想做什么？</u>

④<u>实际上当时的您是如何做的？</u>

⑤<u>事情的结果怎样？那件事发生之后，您对现在从事的工作有哪些新的体会？</u>

4.如果让您招聘一名员工从事您现在的工作，您希望他/她具备哪些能力？

注：画线部分为重点访谈内容。

本次访谈结束，再次感谢您的支持！

附录2 行为事件访谈操作手册

阶段	步骤	操作要点	可能问题
暖场 （约5分钟）	（1）营造轻松的气氛； （2）将访谈提纲给被访者令其充分准备； （3）强调私密性：向被访者保证其说的任何话都会被严格保密，不会向任何人外传	（1）态度谦和； （2）咨询口吻，尊重被谈者； （3）强调保密	被访者提出会不会将访谈内容外泄，可强调访谈的目的仅是课题研究所用，并重申保密性原则
工作内容 （约5分钟）	工作内容的介绍	使被访者将谈话集中在具体工作行为上	当被访者罗列太多任务和职责时，访谈者要及时引导让其选择和排序重要职责
BEI访谈 （约15分钟）	（1）从成功事件开始，作为第一关键事件，谈到成功事件容易激发被访者的参与动机。 （2）按照事件顺序叙述故事。确保被访者讲述的是真正发生过的事情，并要具体。 （3）要探究被访谈者行为背后的真实想法。 （4）对被访者的有效反应给予强化。始终让谈话的气氛是非正式的和欢快的	（1）叙述的事件一定要相当具体。 （2）将被访者的叙述引导到具体描述上。 （3）尽可能得到更多关键事件。被访者找不到失败事件时，可加以引导，如谈谈自己感到最棘手的、最有挫折感的事。 （4）谈到失败经历时，如果被访者情绪激动，要先使访者情绪稳定，再继续访谈	（1）被访者找不到关键事件。访谈者要帮助其平静情绪，然后寻找线索。 （2）当被访者过多叙述关于他人的方面而不谈自己，要及时引导并注意不要跑题
工作性格 （约5分钟）	请被访者谈一谈做好当前从事工作需要的性格、知识、能力，可以要求进一步描述	（1）获取在关键事件访谈时忽略的信息。 （2）对于被访者发表的意见给予肯定，使被访者感到他的专业意见受到尊重	如被访者想不出，前面事件又比较充分，可以跳过这个环节
总结 （约5分钟）	感谢被访者给予的配合。总结关键事件和访谈中的发现	重点肯定被访者的工作	

附录3　高校教师访谈提纲

1. 您认为新常态下雇主单位对工科大学生就业能力的要求与非新常态下有哪些不同？新常态更强调工科大学生须具备哪些就业能力？

2. 您认为新常态下工科大学毕业生需要具备哪些工程专业知识和技能？

3. 您认为新常态下工科大学毕业生需要具备的通用知识和技能有哪些？

4. 您认为新常态下工科大学生的创新能力主要包括哪些方面？

5. 您认为新常态下工科大学生需要具备哪些社会适应能力？

6. 您认为新常态对工科大学生的决策能力和执行能力提出了哪些要求？

7. 您认为高校的课程设置主要包含哪些方面的内容？

8. 您认为高校的教师指导主要包含哪些方面的内容？

9. 您认为高校的课堂教学包含哪些关键内容？

10. 您认为高校开展的就业支持主要包含哪些方面的内容？

11. 您认为学生对高校教育活动的参与主要表现在哪些方面？

12. 您认为工科大学生在参与高校教育活动中，科研参与有哪些类型的表现？

13. 您认为工科大学生在参与高校教育活动中，实践参与有哪些类型的表现？

14. 您认为工科大学生在参与高校教育活动中，学习参与有哪些类型的表现？

附录4 调查问卷（初始）

新常态下工科大学生就业能力评价及其影响因素量表

亲爱的同学：

您好！此次调查主要试图对经济新常态下工科大学生就业能力及其影响因素加以了解，旨在更好地为工科大学生就业能力的提升提供建议。对问卷的作答无好坏对错之分，只要反映您的真实情况即可。本问卷仅供研究之用，请您放心作答，您所填写的所有信息，课题组将严格保密。非常感谢您对本次调查的支持和配合！

《理工科大学生就业能力培养模式研究》课题组

第一部分　基本信息

说明：请在符合您真实情况的选项上打"√"，若无匹配选项请在"其他＿＿"选项上填写。

1. 您所在学校名称：＿＿＿＿＿＿＿＿＿＿＿＿

2. 您所主修的专业名称为：＿＿＿＿＿＿＿＿＿＿＿＿

3. 您的性别：①男；②女。

4. 您的政治面貌：①中共党员（含预备）；②入党积极分子；③共青团员；④群众。

5. 您在学习期间担任学生干部的情况（可多选）：
①校级干部；②院、系级干部；③班级干部；④没有担任过。

6. 您高考时的家庭所在地属于：①省会城市或直辖市；②地级市；③县级市或县城；④乡镇；⑤农村。

第二部分　自我效能感评价

说明：请您根据自身的情况对"描述"中的情况打分，在相对应的空格中打"√"。

No.	描述	完全不符合	不符合	一般	符合	完全符合
1	如果我尽力去做的话，我总是能够解决问题	1	2	3	4	5
2	即使别人反对我，我仍有办法取得我所要的	1	2	3	4	5
3	对我来说，坚持理想和达成目标是轻而易举的	1	2	3	4	5
4	我自信能有效地应付任何突如其来的事情	1	2	3	4	5
5	以我的才智，我定能应付意料之外的情况	1	2	3	4	5
6	如果我付出必要努力，我定能解决大多数难题	1	2	3	4	5
7	我能冷静面对困难，因为我信赖自己处理问题的能力	1	2	3	4	5
8	面对一个难题时，我通常能找到几个解决方法	1	2	3	4	5
9	有麻烦的时候，我通常能想到一些应付的方法	1	2	3	4	5
10	无论什么事在我身上发生，我都能够应付自如	1	2	3	4	5

第三部分　就业能力评价

说明：请您根据自身的情况对"描述"中的情况打分，在相对应的空格中打"√"。

1. 工程知识技能

No.	描述	完全不符合	不符合	一般	符合	完全符合
1	我具有丰富的工程专业知识	1	2	3	4	5
2	我具有丰富的工程与科学常识	1	2	3	4	5
3	我具有丰富的工程实践操作经验	1	2	3	4	5
4	我具备足够的工程思维素质	1	2	3	4	5
5	我具有较强的工匠精神	1	2	3	4	5
6	我具有足够的工程生态意识	1	2	3	4	5

2. 通用知识技能

No.	描述	完全不符合	不符合	一般	符合	完全符合
1	我有熟练的计算机操作技能	1	2	3	4	5
2	我有熟练的信息技术能力	1	2	3	4	5
3	我有良好的中文表达和阅读能力	1	2	3	4	5
4	我有良好的英语表达和阅读能力	1	2	3	4	5
5	我有丰富的人文社科知识	1	2	3	4	5

3. 自我管理能力

No.	描述	完全不符合	不符合	一般	符合	完全符合
1	我能够准确定位和认识自己	1	2	3	4	5
2	我能够清楚的认识自己的内在价值观	1	2	3	4	5
3	我能够有效的管理自己的行为	1	2	3	4	5
4	我能够控制和管理好自己的情绪	1	2	3	4	5
5	我能够在学习上有效的管理好自己	1	2	3	4	5
6	我能够有效的管理好自己的时间	1	2	3	4	5

4. 创新能力

No.	描述	完全不符合	不符合	一般	符合	完全符合
1	我具有良好的跨界思维能力	1	2	3	4	5
2	我具有良好的资源整合能力	1	2	3	4	5
3	我具有良好的问题解决能力	1	2	3	4	5
4	我具有良好的发明创造能力	1	2	3	4	5

5. 决策与执行力

No.	描述	完全不符合	不符合	一般	符合	完全符合
1	我有良好的识别判断能力	1	2	3	4	5
2	我有良好的任务实施能力	1	2	3	4	5
3	我有良好的任务实现能力	1	2	3	4	5
4	我有良好的方案决断能力	1	2	3	4	5

6. 社会适应能力

No.	描述	完全不符合	不符合	一般	符合	完全符合
1	我拥有良好的沟通交往能力	1	2	3	4	5
2	我拥有良好的团队合作能力	1	2	3	4	5
3	我认为学习是终身的事情	1	2	3	4	5
4	我能够欣然接纳他人	1	2	3	4	5
5	我认为分享是时代所需要的	1	2	3	4	5

第四部分 工科大学生就业能力影响因素

说明：请您根据实际情况对"描述"中的情况在相对应的选项中打"√"。

1. 课程设置

No.	描述	完全不符合	不符合	一般	符合	完全符合
1	专业课程强调基础知识和原理	1	2	3	4	5
2	专业课程设置强调系统性	1	2	3	4	5
3	专业课程设置强调实践性	1	2	3	4	5
4	专业课程能够与国际接轨	1	2	3	4	5
5	专业课程内容具有前沿性	1	2	3	4	5
6	专业课程内容强调全面性	1	2	3	4	5

2. 课堂教学

No.	描述	完全不符合	不符合	一般	符合	完全符合
1	课堂教学内容符合课程要求	1	2	3	4	5
2	课堂教学方法适合讲授内容的需要	1	2	3	4	5
3	课堂教学手段能够促进教学活动的效果	1	2	3	4	5
4	教学组织形式能够促进教学活动的效果	1	2	3	4	5
5	课堂教学目标的设计符合学生特点	1	2	3	4	5

3. 教师指导

No.	描述	完全不符合	不符合	一般	符合	完全符合
1	可以从老师那里获得有效的学术指导	1	2	3	4	5
2	可以从老师那里获得有效的课业指导	1	2	3	4	5
3	可以从老师那里获得有效的实习指导	1	2	3	4	5
4	可以从老师那里获得有效的实践指导	1	2	3	4	5
5	可以从老师那里获得有效的思维引领	1	2	3	4	5

4. 就业支持

No.	描述	完全不符合	不符合	一般	符合	完全符合
1	学校开展的职业规划课程效果良好	1	2	3	4	5
2	学校开展的就业技巧培训效果良好	1	2	3	4	5
3	学校开展的就业心理指导效果良好	1	2	3	4	5
4	学校搭建的就业服务平台效果良好	1	2	3	4	5
5	学校开展的创新创业活动效果良好	1	2	3	4	5

5. 实践参与

No.	描述	完全不符合	不符合	一般	符合	完全符合
1	我积极参与本专业的实习实践活动	1	2	3	4	5
2	我积极参与各类社会实践活动	1	2	3	4	5
3	我积极参与各类的创新创业实践活动	1	2	3	4	5
4	我积极参与实践课程等基础实践训练	1	2	3	4	5

6. 科研参与

No.	描述	完全不符合	不符合	一般	符合	完全符合
1	我积极参与校内外老师的科研项目	1	2	3	4	5
2	我积极参与企业与学校合作的项目	1	2	3	4	5
3	我积极申报和主持校内外科研项目	1	2	3	4	5
4	我积极参与同学主持的科研项目	1	2	3	4	5

7. 学习参与

No.	描述	完全不符合	不符合	一般	符合	完全符合
1	我能有效利用在线学习方式开展学习活动	1	2	3	4	5
2	我能有效利用线上与线下结合的方式学习	1	2	3	4	5
3	我能有效利用手机等移动端开展学习活动	1	2	3	4	5
4	我能有效利用传统线下方式开展学习活动	1	2	3	4	5

附录 5　调查问卷（正式）

新常态下工科大学生就业能力评价及其影响因素量表

亲爱的同学：

您好！此次调查主要试图对经济新常态下工科大学生就业能力及其影响因素加以了解，旨在更好地为工科大学生就业能力的提升提供建议。对问卷的作答无好坏对错之分，只要反映您的真实情况即可。本问卷仅供研究之用，请您放心作答，您所填写的所有信息，课题组将严格保密。非常感谢您对本次调查的支持和配合！

《理工科大学生就业能力培养模式研究》课题组

第一部分　基本信息

说明：请在符合您真实情况的选项上打"√"，若无匹配选项请在"其他＿＿＿"选项上填写。

1. 您所在学校名称：＿＿＿＿＿＿＿＿＿＿＿＿＿＿＿＿

2. 您所主修的专业名称为：＿＿＿＿＿＿＿＿＿＿＿＿

3. 您的性别：①男；②女。

4. 您的政治面貌：①中共党员（含预备）；②入党积极分子；③共青团员；④群众。

5. 您在学习期间担任学生干部的情况（可多选）：
①校级干部；②院、系级干部；③班级干部；④没有担任过。

6.您高考时的家庭所在地属于：①省会城市或直辖市；②地级市；③县级市或县城；④乡镇；⑤农村。

第二部分　自我效能感评价

说明：请您根据自身的情况对"描述"中的情况打分，在相对应的选项中打"√"。

No.	描述	完全不符合	不符合	一般	符合	完全符合
1	如果我尽力去做的话，我总是能够解决问题	1	2	3	4	5
2	即使别人反对我，我仍有办法取得自己所要的	1	2	3	4	5
3	对我来说，坚持理想和达成目标是轻而易举的	1	2	3	4	5
4	我自信能有效地应付任何突如其来的事情	1	2	3	4	5
5	以我的才智，我定能应付意料之外的情况	1	2	3	4	5
6	如果我付出必要的努力，我定能解决大多数难题	1	2	3	4	5
7	我能冷静面对困难，因为我相信自己处理问题的能力	1	2	3	4	5
8	面对一个难题时，我通常能找到几个解决方法	1	2	3	4	5
9	有麻烦的时候，我通常能想到一些应付的方法	1	2	3	4	5
10	无论什么事在我身上发生，我都能够应付自如	1	2	3	4	5

第三部分　就业能力评价

说明：请您根据自身的情况对"描述"中的情况打分，在相对应的选项中打"√"。

1. 工程知识技能

No.	描述	完全不符合	不符合	一般	符合	完全符合
A	我的工程知识技能水平较高	1	2	3	4	5
A1	我具有丰富的工程专业知识	1	2	3	4	5
A2	我具有丰富的工程与科学常识	1	2	3	4	5
A3	我具有丰富的工程实践操作经验	1	2	3	4	5
A4	我具备足够的工程思维素质	1	2	3	4	5
A5	我具有较强的工匠精神	1	2	3	4	5

2. 通用知识技能

No.	描述	完全不符合	不符合	一般	符合	完全符合
B	我的通用知识技能水平较高	1	2	3	4	5
B1	我有熟练的计算机操作技能	1	2	3	4	5
B2	我有熟练的信息技术能力	1	2	3	4	5
B3	我有良好的英语表达和阅读能力	1	2	3	4	5
B4	我有丰富的人文社科知识	1	2	3	4	5

3. 自我管理能力

No.	描述	完全不符合	不符合	一般	符合	完全符合
C	我的自我管理能力较强	1	2	3	4	5
C1	我能够清楚的认识自己的内在价值观	1	2	3	4	5
C2	我能够有效的管理自己的行为	1	2	3	4	5
C3	我能够控制和管理好自己的情绪	1	2	3	4	5
C4	我能够在学习上有效的管理好自己	1	2	3	4	5
C5	我能够有效的管理好自己的时间	1	2	3	4	5

4. 创新能力

No.	描述	完全不符合	不符合	一般	符合	完全符合
D	我有较强的创新能力	1	2	3	4	5
D1	我具有良好的跨界思维能力	1	2	3	4	5
D2	我具有良好的资源整合能力	1	2	3	4	5
D3	我具有良好的问题解决能力	1	2	3	4	5
D4	我具有良好的发明创造能力	1	2	3	4	5

5. 决策与执行力

No.	描述	完全不符合	不符合	一般	符合	完全符合
E	我有较强的决策与执行力	1	2	3	4	5
E1	我有良好的识别判断能力	1	2	3	4	5
E2	我有良好的任务实施能力	1	2	3	4	5
E3	我有良好的任务实现能力	1	2	3	4	5

No.	描述	完全不符合	不符合	一般	符合	完全符合
E4	我有良好的方案决断能力	1	2	3	4	5

6. 社会适应能力

No.	描述	完全不符合	不符合	一般	符合	完全符合
F	我有较强的社会适应能力	1	2	3	4	5
F1	我有良好的沟通交往能力	1	2	3	4	5
F2	我有良好的团队合作能力	1	2	3	4	5
F3	我认为学习是终身的事情	1	2	3	4	5
F4	我认为分享是时代所需要的	1	2	3	4	5

第四部分 工科大学生就业能力影响因素

说明：请您根据实际情况对"描述"中的情况在相对应的选项中打"√"。

1. 课程设置

No.	描述	完全不符合	不符合	一般	符合	完全符合
G	我认为我所学的专业课程设置比较合理	1	2	3	4	5
G1	专业课程强调基础知识和原理	1	2	3	4	5
G2	专业课程设置强调系统性	1	2	3	4	5
G3	专业课程设置强调实践性	1	2	3	4	5
G4	专业课程能够与国际接轨	1	2	3	4	5
G5	专业课程内容具有前沿性	1	2	3	4	5

2. 课堂教学

No.	描述	完全不符合	不符合	一般	符合	完全符合
H	我认为我所在专业的课堂教学效果较好	1	2	3	4	5
H1	课堂教学内容符合课程要求	1	2	3	4	5
H2	课堂教学方法适合讲授内容的需要	1	2	3	4	5
H3	课堂教学手段能够促进教学活动的效果	1	2	3	4	5
H4	教学组织形式能够促进教学活动的效果	1	2	3	4	5

3. 教师指导

No.	描述	完全不符合	不符合	一般	符合	完全符合
I	我认为可以从老师那里得到足够的指导	1	2	3	4	5
I1	可以从老师那里获得有效的学术指导	1	2	3	4	5
I2	可以从老师那里获得有效的课业指导	1	2	3	4	5
I3	可以从老师那里获得有效的实习指导	1	2	3	4	5
I4	可以从老师那里获得有效的实践指导	1	2	3	4	5

4. 就业支持

No.	描述	完全不符合	不符合	一般	符合	完全符合
J	我认为学校的就业支持效果良好	1	2	3	4	5
J1	学校开展的职业规划课程效果良好	1	2	3	4	5
J2	学校开展的就业技巧培训效果良好	1	2	3	4	5
J3	学校开展的就业心理指导效果良好	1	2	3	4	5
J4	学校搭建的就业服务平台效果良好	1	2	3	4	5

5. 实践参与

No.	描述	完全不符合	不符合	一般	符合	完全符合
K	我积极参与学校实践活动	1	2	3	4	5
K1	我积极参与本专业的实习实践活动	1	2	3	4	5
K2	我积极参与各类社会实践活动	1	2	3	4	5
K3	我积极参与各类的创新创业实践活动	1	2	3	4	5
K4	我积极参与实践课程等基础实践训练	1	2	3	4	5

6. 科研参与

No.	描述	完全不符合	不符合	一般	符合	完全符合
L	我积极参与科研活动	1	2	3	4	5
L1	我积极参与校内外老师的科研项目	1	2	3	4	5
L2	我积极参与企业与学校合作的项目	1	2	3	4	5
L3	我积极申报和主持校内外科研项目	1	2	3	4	5
L4	我积极参与同学主持的科研项目	1	2	3	4	5

7. 学习参与

No.	描述	完全不符合	不符合	一般	符合	完全符合
M	我的学习参与力度较高	1	2	3	4	5
M1	我能有效利用在线学习方式开展学习活动	1	2	3	4	5
M2	我能有效利用线上与线下结合的方式学习	1	2	3	4	5
M3	我能有效利用手机或其他移动端开展学习活动	1	2	3	4	5
M4	我能有效利用传统线下方式开展学习活动	1	2	3	4	5

后　记

　　六月，槐花飘香，蛙鸣骤响。在这孕育成熟的季节里，我的博士论文杀青了。岁月匆匆，如流水过。在职读博四年，于我而言是不同寻常的四年。四年间，既有过失意时的困顿迷茫，也有过收获时的踌躇满志；四年间我懂得了"德以明理 学以精工"的深刻内涵和行为准则，更领略了人文社会科学与工程教育融合的妙趣横生和相得益彰。回首读博的四载岁月，每每眼眶湿润，这四年里我得到了太多的关爱、理解和支持，笔落之际要感激的人太多太多。

　　感谢我的导师马永霞教授。马老师为人谦和，做事严谨，既是我的良师，也是益友。在学习中，马老师用敬业勤奋的态度鞭策着我；在生活中，马老师用光明磊落的做人准则影响着我。在我惆怅不前之时，马老师的开导和指点让我柳暗花明；在我生病烦忧之际，马老师的宽慰和理解让我从容淡定。从选题到撰写，每个环节都渗透了马老师的良苦用心！本书依托的是马老师的国家课题"理工科大学生就业能力培养模式研究"，感谢马老师对我的厚望、信任和孜孜不倦的指导！

　　感谢我的父母亲朋。在我忙乱不堪时，父母的照顾和援助让我后顾无忧；在我紧张焦虑时，好友的关心和开导让我豁然开朗；在我身心疲惫时，儿子的成长和进步让我能量倍增。感谢你们，让我生命的意义得到了更好的诠释！你们关爱的眼神，温暖的话语，默默的行动，给予了我各种积极的力量，我爱你们！

　　感谢我的硕士生导师靳希斌教授对我的人生指引和无私关爱；感谢北京城市学院魏真教授对我博士学习的指引和帮助，感谢北京科技大学曲绍卫教授对我论文选题和撰写的倾情指导，感谢北京理工大学吴晓兵教授对我论文撰写不遗余力的帮助；感谢中央财经大学冯国有博士对我的鼓励和解惑；感谢首都体育学院各级领导的理解和支持；感谢首都体育学院管理与传播学院领导和各位同仁的关怀及鼓励；感谢首都体育学院王子朴教授、北京工业大学苏林琴教授、西安交通大学梁俊凤老师、华东理工大学杜梅教授、湖南科技大学姚绩伟教授对问卷发放竭尽全力的帮助；感谢北京理工大学李小平教授、何海燕教授、庞海芍书记、张建卫教授、王颖教授、张晨宇教授给我的论文提出的宝贵建议；感谢北京理工大学研究生部李勇、谢凤、刘桐老师等对我的关照！感谢我的博士同学乔刚、王承博等对我一如既往的帮助和鼓励，与你们并肩作战，我倍感欣慰；感谢博士同学陈建珍、李芬、姚思宇以及同门师兄妹郭琦、何森、郝晓玲、马立红、李艳静等对我的支持和付出，与你们一路同行，我深感荣幸！感谢那些未曾谋面但伸出援手的各方朋友们，是你们让我感受到"赠人玫瑰，手有余香"的美好。

感谢自己。四年的博士生涯对于在职读博的我来说，既是上天的恩赐，更是生活的考验，回望来路，亦苦亦乐之间，所遇无悔，所为无憾。感谢自己能够积极面对并平衡来自身体、工作和生活的各种压力，感谢自己的不忘初心和笃定前行！四载博士岁月也让我对人生有了更加深刻的感悟和更加成熟的思考，让我懂得了舍与得的真谛，让我坚信付出终将美好。感谢自己四年前的选择，感谢人生能有这样一段弥足珍贵的经历！

王国维在《人间词话》中说："古今之成大事业、大学问者，必经过三种境界：昨夜西风凋碧树，独上高楼，望尽天涯路；衣带渐宽终不悔，为伊消得人憔悴；众里寻他千百度，蓦然回首，那人却在灯火阑珊处。"自高中以来，一直用这三种境界指引着我的学习生涯，它也必将继续指引我未来的学术生涯。

"吾生也有涯，而知也无涯"。希望自己在未来的学术道路上继续孜孜以求，为求索真知而研究！